AF453821

LE

LIBERTIN

DE QUALITÉ.

LE LIBERTIN

DE QUALITÉ,

OU

MA CONVERSION.

PAR LE COMTE DE MIRABEAU.

Avec Figures en taille-douce.

NOUVELLE ÉDITION.

TOME SECOND.

A PARIS.

1801,

MONSIEUR SATAN.

Monsieur Satan,

Vous avez instruit mon adolescence; c'est à vous que je dois quantité de tours de passe-passe qui m'ont servi dans mes premières années; vous savez si j'ai suivi vos leçons, si j'en ai sué nuit et jour pour agrandir votre empire et vous fournir des sujets nouveaux.

Mais, monsieur Satan, tout est bien changé dans ce pays, vous devenez vieux; vous restez chez vous; les moines même ne peuvent en arracher, vos diablereaux , pauvres hères, n'en savent pas autant que nos apprentis maquereaux ; ils ne vous rapportent que des récits infidèles , parce que nos femmes les attrapent et les bernent.

Je trouve donc une occasion de m'acquitter envers vous; Je vous offre mon livre. Vous y lirez la Gazette de la cour , les Nouvelles à la main des filles, des financières et des dévotes. Vous serez iustruit de quelques tours de bissac, où tout fin diable que vous êtes, vous auriez eu un pied de nez; mais que votre chaste épouse n'y fourre pas le sien, car aussitôt cornes de li-cornes s'appliqueraient sur votre front séraphique. Défiez-vous surtout de ces grandes manches à gros vit, et ne laissez pas aller votre femme en con-fiance, sans une ceinture. Cependant, que la jalousie ne trouble pas votre repos; car, croyez-vous, monsieur Satan, si elle le veut, cocu, serez, et quand vous la metteriez en poche, si fouterait-elle par la boutonnière.

Puissent les tableaux que j'ai l'hon-neur de mettre sous vos yeux ranimer un peu votre antique paillardise! Puisse cette lecture faire branler tout l'uni-vers! Daignez recevoir ces vœux comme un témoignage du profond respect avec lequel je suis,

Monsieur Satan,

De Votre Altesse diabolique,

Le très-humble, très-obéissant et très-dévoué serviteur,

CON-DESIROS.

LE LIBERTIN

DE QUALITÉ.

Sœur Agathe et sœur Rose appellent mes hommages. La plus âgée n'a pas ses dix-huit ans; la première vive, pétulente, est un petit démon; elle a de l'esprit comme un lutin, de jolies réparties, une adresse incroyable. Rose est plus douce, plus tendre, mais gaie. Ces deux enfans sont liés par une étroite sympathie, et plus encore par le tempérament; l'abbesse, dont elles sont les bijoux, m'a confié qu'elles s'en donnaient avec excès, et qu'elle-même les avait reçues plus d'une fois dans son lit, pour, du moins, tromper ses desirs. J'étais libre avec elles ; je leur montrais à danser, et nous faisions mille folies. Parbleu, mes sœurs, leur dis-je un jour, vous devriez bien m'apprendre ce jeu que vous jouiez hier ensemble. — Quel jeu ? répond Agathe pendant que Rose rougit. — Ma foi, si je le savais bien, je ne vous le demanderais pas. — Bon, Rose, il veut *cachecache*... (Et la friponne d'éclater de rire...) — *Cachecache*... Ah ! vous mentez, espiègle, il n'y avait rien de caché, je l'ai bien vu. — Quoi ! vous l'avez vu, dit Rose... Agathe, nous sommes perdues (la petite pleure et sa compagne est déconcertée). — Eh ! mon cœur, ne pleurez pas... Rose, vous êtes un enfant ; je n'en dirai, ma foi, mot à personne... (Cela les tranquillisa un peu : *au cloître comme ailleurs, péché caché n'est rien.*) — Mais comment l'avez-vous vu, reprend

Son sein ferme et poli lui sert de trône? . .

Agathe plus timidement? — Je vous trompais, je ne l'ai pas vu, mais mon génie me l'a dit. — Un génie! — Un génie, répète Rose. — Oui, un génie qui me visite tous les jours... (Et mes folles de rire à gorge déployée.) Pardieu, petites incrédules, je vous le ferai voir... mais à condition que vous m'apprendrez votre jeu, et que vous écouterez ce qu'il vous dira. — Comment, il parle! — Sans doute, mais c'est par signes, et je vous les expliquerai. — Ah! voyons. — Voyons, dit Rose. — Doucement... diable, comme vous y allez!... Attendez donc que je l'appelle... Si vous vouliez toujours me montrer votre jeu?... (J'avais sacredieu mes raisons; jamais mon génie ne fut si bête; j'avais beau le talonner, ce bougre-là n'arrivait point... Pardon, pardon, le voilà qui vient.) Écoutez: que la plus incrédule passe dans ce coin là , et , quand elle l'aura vu , qu'elle le tienne bien , de peur qu'il ne s'en aille , car il est un peu farouche... (Ainsi fut fait , je tire *monseigneur ;* ma folle d'Agathe saute dessus.) — Ah ! Rose , vient donc vîte , je le tiens... (.Nous nous approchons au jour.) Oh ! le drôle de génie , comme il est fait ; mais il n'a point de nez ! (Rose le prend.) — Ah ! comme il est chaud ! — C'est qu'il est venu fort vîte. — Eh ! mais , dit Agathe , il tient... (Et la petite bougresse le tire à le démancher.) Sacredieu, mesdemoiselles, un moment donc ; vous ne voyez pas que c'est un escargot ? il est dans sa coquille. — C'est vrai, c'est vrai, dit Rose , voilà le bourlet. (Elle saisit les voisines qui , ramassées en dessous , étaient dures comme la pierre.) (Agathe y porte la main, et revient au personnage.) — Un escargot ! je n'en ai jamais vu comme çà. — C'est qu'il est de la Chine. — Montre-t-il ses cornes ? — Eh ! non, ils n'en ont point dans ce pays-là ; mais ce sont eux qui les apportent aux maris... Ah ! çà, il est pressé. (Je mourrais de peur que le génie ne s'émancipât dans leurs mains.) Votre jeu, mesdemoiselles ? — Oh ! il faut qu'il parle. — Allons, je le veux bien. Il faut convenir que je suis trop complaisant. Mais je vous avertis que c'est à chacune en particulier qu'il faut vous laisser faire des signes, sans dire mot, ou bien serviteur, plus d'esprit ; et s'il se fâche, il ne reviendra plus. Allons, Agathe, à vous ; mais surtout motus. (Je la prends, je la jette sur le lit.) — Ah ! dit-elle, je ne vois plus l'esprit. — Soyez tranquille, il ne s'en ira que si vous n'êtes pas sage... Je la trousse ; tu te doute du reste, et du langage de l'esprit. La petite fut courageuse et ne dit pas un mot... Mais, ami, peins-toi Rose tournant de tous côtés, examinant, pâlissant, rougissant, trépignant. — Agathe ! parle-t-il ? — Ah ! oui... Ah ! mon dieu !... Ah ! comme il parle ! le joli esprit !... Mon dieu !... Ro...se... je n'en puis plus...—Agathe ! Agathe ! qu'est-ce qu'il te dit donc ? — Elle avait, pardieu, autre chose à faire que de répondre. Ma foi, la petite diablesse se remuait si vivement, et me serrait si ferme, que j'allais recommencer, quand, tout-à-coup, Rose, ennuyée, me tire par mon habit, et l'esprit sort tout en sueur, tout échauffé du carnage... Je n'ai que le temps d'étendre Agathe sur un fauteuil, et je travaille sa compagne. Celle-ci était moins vive, mais pétrie par la volupté. Elle avait surtout cette qualité si précieuse que j'avais déjà trouvé à quelques femmes, et toujours avec un nouveau ravissement : le sanctuaire se refermait après le sacrifice, et pressait sans laisser le temps de débander... Mais voyez combien l'esprit avait donné de réflexions à Agathe ; elle ne me faisait plus de questions. Les deux amies, penchées l'une sur l'autre, étaient dans une extase dont rien ne pouvait les tirer. Pour moi, je jouissais de leur trouble ingénu, et je le partageais... Nous ne parlâmes plus du jeu ; elles reconnaissent ma tromperie sans m'en savoir mauvais gré ; et l'esprit, de temps en temps, leur donna de nouvelles leçons.

J'étais au comble du bonheur, à un peu de fatigue près ; mais le diable, qui veille toujours, s'était fourré dans la tête de me débusquer d'un si bon gîte. L'habitude amène la sécurité, la sécurité endort ; on ne se précautionne

plus, et l'on devient soi-même l'ar-
tisan de son malheur : d'ailleurs une
pomme pour trois déesses les fit bat-
tre, un homme pour vingt religieuses...
il y a de quoi, j'imagine, les faire
étrangler.

Vous ne connaissez pas, mon ami,
les républiques femelles, dont l'abbesse est comme le doge. La plupart
des filles qui les composent ont été en-
rôlées malgré elles dans la milice cé-
leste : on les a faites épouses d'un être
immatériel, et les charmes de la con-
templation ne détruisent pas la *corpo-
ralité*. Il en résulte dans la jeunesse
une révolte des esprits charnels, un
conflit de juridiction entre les sens et
la raison, entre le créateur et la créa-
ture, où souvent la faiblesse humaine
est obligée, comme Pilate, de *s'en la-
ver les mains*. Tout cela ne fait que
tromper les passions, irriter les désirs,

les allumer davantage. De là, les nerfs, les spasmes, etc, etc. Dans la vieillesse, on est pigrièche, colère, âpre, grondeuse. De là encore, les inspirations, les apparitions et toutes les folies que les uns ont brûlés, les autres canonisés. Cela n'est point de mon grave sujet.

On ne peut pas toujours prier, il faut médire, prendre son prochain par les pieds et par la tête : le tout pour son bien et la plus grande gloire de Dieu. Les confessions sont surtout un grand objet. S'ils sont deux, le bercail est partagé, et chaque parti hait cordialement son adversaire; s'il n'y en a qu'un, jalousies, rivalités, fureurs. — Quoi ! pour un vieux moine ? — Oui, pour un vieux moine; car, avec sa figure de singe, toujours est-il du bois dont on les fait; on se mange, on se dévore, on s'empoisonnerait pour lui... Enfin, mon cher, dans ces séjours de paix et d'innocence, on goûte en paradis les douceurs de l'enfer.

Que serait-ce donc si je peignais les amours des jardiniers ?... Les ruses pour faire entrer des amans ? Les horreurs du despotisme que les vieilles discrètes exercent sur les pauvres enfans qu'on leur a livrés ? Que serait-ce si, te racontant mille scènes dignes de l'Arétin, je t'effrayais de la corruption que ces demoiselles vont puiser, jusqu'au moment où on les marie, dans ces lieux consacrés à la vertu et prostitués aux vices ?

Eh ! que serais-ce encore, si je te traçais les scènes du désespoir qui se passent dans le secret et le silence ? Les brigues, les trahisons et les complots, tout ce que doit nécessairement enfanter la contrainte, la servitude et la barbarie ?... Non, tu m'accuserais d'humeur... A la vérité, j'eus quelque sujet d'en prendre.

Déjà l'on murmurait, le conseil des discrètes s'était assemblé; on glosait sur l'abbesse, qui, trop absolue peut-être, voulait que l'on respectât ses goûts et ses plaisirs. Les révérendes mères, sans cesse aux écoutes, gênaient les miens. Toute la jeunesse, rigoureusement observée, n'osait plus se livrer à mes empressemens : je m'aperçus que ces vieilles bougresses me regardaient comme le bouc émissaire. Le père en Dieu conduisait tout, mais sourdement depuis que j'avais menacé sa révérence de la faire rouer de coups par mes valets, sauf à le guérir par six mois de séminaire; des lettres anonymes, péché mignon des prêtres, se répandirent. L'abbesse faisait tête à l'orage; je lui devenais plus cher par la crainte de me perdre... Hélas! le coup était porté. On avait fait passer des plaintes à *monseigneur* : il était bête, portait un large chapeau, des cheveux plats comme sa figure, et cachait sous un maintien double et caffard, une âme ecclésiastique et traîtresse ; sa réponse fut tonnante ; il annonçait sa venue pour *remettre l'ordre dans une maison où l'esprit de Bélial s'était introduit...* Je voulais l'attendre, ma chère abbesse me fit concevoir que je la perdrais, et je partis chargé d'or et de sucre.

Depuis six semaines, je n'avais pas vu mes gens ; ils s'étaient arrangés avec les tourrières, et je leur trouvai un embonpoint édifiant ; je tournai mes regards vers les clochers où je laissais bien des yeux en pleurs. Ils se perdirent dans les airs ainsi que mes regrets.

Je ne fis que passer à Paris, pour déposer tous les présens dont j'étais comblé, et repartis pour la Picardie, afin d'achever en province la belle saison. N'attendez pas, mon ami, que j'aille dans quelque ville; non, je les ai fréquentées autrefois; et ma curiosité est rassasiée; j'y ai trouvé les mêmes vices que dans la capitale, avec cette différence qu'ils sont plus ridicules et moins aimables. Là, c'est un conseiller d'élection, si vous voulez, qui joue la gravité d'un chancelier; les honneurs du pavé lui sont dus. Dans le cercle on ambitionne de f.ire sa partie; il sourit aux femmes, dédaigne les hommes, ricane, tranche, décide... Il veut être fat, il n'est qu'un sot.

Ici, monsieur le receveur du grenier à sel, ou quelque seigneur de l'intendance fait le petit fermier-général, appelle tout le monde *mon ami*, vante son cuisinier, fait grosse chère, rit aux éclats, patine ses voisines, débite des nouvelles qu'il tient de la cour, et promet sa protection auprès des valets-de-chambre d'un ministre qu'il appelle secrétaire.

On y voit, tout comme à Paris, la femme d'un marchand mettre en diamans sur sa tête des fonds presqu'aussi forts que ceux qu'il a dans le commerce ; étaler un pied de rouge, porter des plumes, des chapeaux, dire *piseons* et grasséyer.

On y voit des précieuses, des dévotes, des femmes à prétentions, et tout cela putains comme chez nous. On y voit enfin tout ce que je me suis lassé d'y voir, et qui ne me paierait pas de mon ennui... Je vais donc dans des lieux champêtres prendre la nature sur le fait, dévaliser quelque château, et démanteler quelque dame de paroisse à croupe large et rebondie.

Un de mes amis, chez lequel j'arrivc, tient un assez grand état; il a une chasse superbe, de beaux droits; sa maison est ancienne; il en a soutenu l'éclat au service avec honneur; sa femme a été belle, il y paraît encore... Mais pour ce couple-là, c'est Philémon et Baucis. Ne croyez pas qu'elle soit dévote : non, la plaisanterie l'amuse; elle recevra des vers galans, parce qu'elle sait y répondre; une gaieté douce qui fait son caractère, la rend l'âme des sociétés; elle y inspire le sentiment et le respect... Voilà, sur mon honneur, un portrait vrai, et vous savez que je suis un peu panégyriste; elle est trop modeste pour me lire; mais du moins son mari lui rendra témoignage que j'ai trouvé à Villers, ce que j'ai cherché vainement dans beaucoup d'endroits : la réunion des talens et des vertus.

La société qui se rassemble au château me fournit bientôt des occasions de m'en écarter ; je voltigeai ; et tout en courant, je pensai jouer malgré moi, un rôle dans une scène très-singulière, qui, me faisant croire aux jaloux et les craindre, ne me ramènera qu'un peu plutôt au séjour des maris commodes. Pour la rareté du fait, je veux te conter cette aventure.

Monsieur et madame d'Obricourt vivaient très-bien ensemble ; aucun soupçon ne troublait l'esprit du mari. Cependant madame avait une intrigue, jouait monsieur, et qui plus est, se moquait de lui avec son amant. Une imprudence détruisit la sécurité de l'époux : tout le monde était à la chasse, et j'étais resté seul dans la maison avec madame. Elle passe dans son boudoir pour écrire, je prends un livre et l'attends au salon. Tout-à-coup elle sort une lettre à la main ; son mari, revenu sur ses pas, je ne sais pourquoi, entre en même temps. — Ah! monsieur, lui dit-elle, qu'avez-vous? vous êtes pâle à faire peur... Il détourne sa vue sur la glace. Pour le malheur de la dame cette glace me réfléchissait en entier, et le mari voit très-distinctement qu'elle me glisse une lettre que je cache de mon mieux. La jalousie lui monte au cerveau... Il avait son fusil à la main; il me couche en joue, et me dit d'un air furieux : *la lettre, ou tu es mort.* — Vous êtes fou, lui dis-je, et quand même j'en aurais une, une imprudence coupable pourrait seule vous la donner; car cet écrit ne vous est pas destiné, et vous devriez vous épargner de le voir. — Point de conseils; la lettre, ou trois balles dans le corps... Je n'avais rien mis dans celui de la dame; je ne crus pas devoir attendre les représailles du mari... Je me lève, je lui présente la lettre, et je pousse la femme dans son cabinet; car elle avait l'imprudence de ne pas bouger.

La lecture en apprit au mari plus qu'il n'aurait voulu, et il se reconnut de la manière la plus claire, chevalier du Croissant. C'était un homme très-violent avec les dehors les plus flegmatiques. Il prit sur-le-champs son parti, et me demande le secret. Les chasseurs arrivèrent; on ne s'aperçut de rien ; il donna à sa femme tous les noms d'amitié qu'il lui prodiguait dans la conversation... Je ne revenais pas de mon étonnement.

Cependant je n'ai jamais aimé les colères froides, et vous allez voir que j'avais raison de craindre. Partout où monsieur rencontrait madame seule, les chaises, les fauteuils, lui servaient d'armes pour l'assommer. Rentrait-on dans le salon :.. *Mon cœur, m'amour, mon ange...* Comme sa digne moitié ne s'accommodait nullement de ce jeu là, qu'elle n'était point bornée, et qu'elle ne manquait pas d'esprit, elle nous fit cacher un beau matin dans sa chambre à coucher, trois femmes de ses amies et moi troisième homme. Monsieur arriva, la battit comme plâtre... A ses cris nous sortîmes; et comme les femmes se soutiennent, je vous laisse à penser si la scène fut complète. — Sur-le-champ l'on monte en carrosse, et l'on conduit madame chez la mère de son mari. Cette mère, vieille janséniste, avait un faible infini pour sa belle fille, et fort peu d'amitié pour monsieur son fils, qui n'avait pas l'honneur de penser comme elle.

C'était sur cette connaissance que la petite diablesse avait formé son plan. — Maman, lui dit-elle, je viens me jeter entre vos bras. Depuis un an je souffre le martyre avec mon mari; il faut vous l'avouer; je suis ce qu'il appelle *janséniste*, il me maltraite continuellement; enfin, il a saisi une lettre que j'écrivais à un saint ecclésiastique qui m'entretient dans mes bons sentimens. Comme je parle à cœur ouvert à mon directeur, les plaintes que je faisais ont irrité mon mari; il a porté l'audace jusqu'à m'accuser d'un commerce criminel. Depuis ce malheureux jour, il m'assomme de coups en particulier, et pousse l'hypocrisie jusqu'à m'embrasser en public. Ces trois dames en sont témoins; trois hommes d'honneur le sont de même; si vous ne me sauvez pas, je suis perdue; je n'ai plus qu'à me livrer à mon désespoir... (Les larmes coulent, et arrosent le récit que les dames confirment.) — Ah ! le coquin, l'infâme, répond la belle-mère... Ma fille, restez chez moi : je

me charge de votre affaire, et si le malheureux est assez hardi... il suffit. —
Ce n'était pas tout. Il fallait retirer la
lettre des mains du mari, elle faisait
preuve très-convaincante. La jeune
femme le persuade à sa belle-mère,
qui mande à son fils de la lui envoyer
par le même exprès qui lui porte son
ordre, ou qu'il sera déshérité dans les
vingt-quatre heures... Il connaissait
sa mère; il en attendait quarante mille
livres de rente; il fallut obéir; mais il
accompagna le texte d'une glose fulmi-
nante... Vaine précaution! la vieille
crut faire la plus belle action du monde
de remettre le tout à sa belle-fille.
(Comment se méfier d'une janséniste!)
Celle-ci voulut lire; on lui imposa silence. — Eh bien! ma bonne maman,
jetons tout cela au feu. — Quoi! ma
fille, anéantir ces sottises! Vous avez
trop d'égards pour ce drôle-là. — Ma-

man, il est votre fils, il est mon mari, et je l'aime toujours. D'Obricourt, furieux, invoqua mon témoignage ; moi, je dis que je ne savais rien ; que j'avais bien eu une lettre, mais ignorant ce qu'elle contenait... Ce ne fut pas tout ; il y eut séparation, et la mère qui vient de mourir, assure vingt mille livres de rentes à sa belle-fille indépendantes de monsieur son époux.

Lassé de fesser des lièvres et de tuer des lapins, plus encore du ton des campagnards, je m'enfuis sur les bords de la Somme. Là, un antique château bien noir, bien triste, bien vilain, atteste que depuis l'an treize-cent, il est le logis des hiboux et des chouettes du canton. Le vieux baron qui l'habite ne déroge à point si bonne compagnie ; son humeur est revêche, sa figure hideuse, son corps usé... Pour de l'esprit, son arbre généalogique l'a dispensé d'en avoir. Grand liseur de gazettes, grand *politiqueur*, se faisant *monseigneuriser* par ses valets, par un curé, qui, ainsi que lui, sait, pour toute érudition, marquer un cent de piquet; mangeant peu, dormant moins, et jaloux comme un tigre d'une jolie personne que trois mots de latin avaient *baronisée*.

La baronne, comme dit la chanson, *voudrait bien qu'on la ramone*. Le baron qui ne le peut, dit qu'il ne le veut; et c'est pour cette bonne œuvre que j'arrive céans. Je veux bien t'avouer encore *à toi de mes secrets le grand dépositaire*, que l'on m'a dit que le vieux coquin avait de l'or, mais beaucoup; et que l'espérance d'en palper quelque portion, me fait braver ennui, dégoûts, tempêtes.

Le baron me reçoit mal, et j'agis comme si je le trouvais bien. Sa femme que la dignité, fait la précieuse, et tant soit peu l'ours ; mais le mari qui m'observait, me traita bientôt mieux. Je lui apportais vingt recueils de nouvelles ; pendant qu'il les feuilletait, je puis te peindre la belle.

Une brune piquante, un teint coloré, de jolis yeux bien noirs où le foutre pétille ; la bouche très-fraîche, des dents que le pain de seigle rend fort blanches ; ni grande ni petite ; la taille ramassée en jument poulinière de l'avant-main ; un peu tétonnière ; mais cela est dur, blanc et bien tourné ; la croupe normande ; point trop de boyau ; le montoir facile ; la jambe fine comme une biche, et le sabot charmant. Tous ces appas-là n'ont pas vingt ans ; en conséquence cela est très-foutable. Au reste, ridicule dans sa parure, gauche dans son maintien, guindée dans ses propos ; mais ses regards promettent du dédommagement ; et elle prouve dans le tête-à-tête qu'elle n'est sotte que par contrainte.

A dîner, je fais tomber la conversation sur les femmes; le baron en médit; je renchéris, j'abonde dans son sens, il en est si transporté qu'il veut m'énivrer par reconnaissance. Un coup-d'œil avait mis la femme au fait; (quand il s'agit d'attrapper un mari, aucune n'est novice), elle fait mine d'être piquée, et sort au dessert. Alors, le baron me conte ses chagrins, m'apprend qu'il s'est mésallié, déplore sa faiblesse, etc. J'applaudis; je lui promets de faire entendre raison à sa femme. (C'était foutre bien mon projet.) Dès lors, il me laissa pleine et entière liberté; j'avais annoncé mon départ pour le lendemain; il me demande en grâce une quinzaine, et me promit compagnie. — Allons donc, mon cher baron, la vôtre me suffit; qui diable nous ame-

nerez-vous ? Des gentillâtres ou des bé-
gueules. Vous êtes pardieu le seul ga-
lant homme que j'aie trouvé dans ces
cantons. — En vérité, dit-il, en s'a-
dressant au curé, il me raccommode-
rait avec la jeunesse; jamais à cet âge
on n'eut tant de raison.

Le même jour, je tiens compagnie à
la baronne, dans une promenade. Son
mari ne put pas être en tiers à cause
d'un catarrhe, et il fut presque obligé
de se fâcher, pour me forcer à lui aller
préparer des cornes. Je ne perdis pas
de temps. Après quelques propos va-
gues, j'en vins à ma déclaration.

Ce ne sera pas vous offenser, ma
belle dame, que de vous plaindre. Ma
conduite, depuis que je suis chez vous,
a dû vous faire comprendre que je ne
suis pas venu sans dessein. Ce dessein
est de vous plaire; je vous aime, je dé-
sire que vous m'aimiez. Si je vous con-

viens, arrangeons-nous. Vengez-vous du maroufle qui vous tyrannise ; je vous offre des consolations, des secours, des plaisirs ; un cœur dont les sentimens seront prouvés avec force... Votre réponse, belle baronne, décidera de mon sort. L'état où vous gémissez doit vous ôter une indécision, qui nous nuirait à tous deux. Si je suis assez malheureux pour vous déplaire, je pars...

Mais que diable ! on ne brusque pas ainsi une femme de qualité. — Sans doute : je filerai le parfait amour ! Seras-tu donc éternellement incorrigible ?... Elle est bien moins bête que toi ; car après quelques petites façons préliminaires, elle accepte la proposition ; et nous scellons le tout d'un baiser. Ensuite elle prend ses arrangemens pour venir coucher avec moi ; ce qui lui était beaucoup plus facile que de me recevoir.

As-tu jamais eu quelques jouissances
de campagne ?... C'est une bête à dormir dessus. Cela n'a ni charnière, ni
mouvement. Cela ne sait pas placer un
petit foutre à propos... Pour ces mots
consacrés à l'amour, *ce sont pour ces
beautés grands termes de chimie ;* mais
en revanche cela décharge... Ah ! sacredieu ! j'étais confit, et par là-dessus,
pas un sacré bidet... Je me donnais au
diable... Excusez, c'est que le curé
l'avait défendu. — Mais, madame, si
ce bougre-là en avait autant dans la
bouche, croyez-vous qu'il ne la laverait
pas ? Ah ! dit-elle, cela expose à la ten-
tation. (Le scrupule était bon là.) Eh !
morbleu, lave toujours, et si je trouve
l'ennemi, je lui fais sauter la cervelle.

Je la reprends dans mes serres ; en
une heure de temps, je la mis en eau.
Levrette, brouette, Américaine. Hol-
landaise... Pardieu ! je t'assure qu'elle

vit du pays. L'heureux naturel ! A deux heures de là, elle me grimpait déjà sur le corps toute seule. Enfin, nous nous séparâmes avec promesse de nous rejoindre le soir sans préjudice de la journée, et en convenant de nos rôles.

Le baron rentra dans une sécurité parfaite, que mon ton avec sa femme sut entretenir ; elle jouit des momens les plus doux, et me donna de l'or bien plus que je n'en devais attendre d'une femme de province. — Mais, comment pouvait-elle l'avoir ? — Comment ? la chose est simple. Les maris de campagne ne mettent pas leurs femmes en pension. Celui-ci d'ailleurs était jaloux et brutal, mais amoureux ; madame avait, ainsi que lui, la clef du coffre-fort. La petite rusée ouvrit trois ou quatre sacs d'or, afin qu'il ne pût s'apercevoir d'aucune diminution, et me remit deux cents louis que je voulus bien accepter pour les frais du voyage. Mon bail expiré, je me retirai très-bien avec le baron que je laissai cocu et content, et mieux avec sa femme qui répandit de grosses larmes; mais l'ordre du destin m'arrachait de ses bras, et je partis.

Ma dernière excursion champêtre fut à Salency, où je me trouvai le jour même de la fête de la Rosière; la simplicité touchante de ce spectacle fait pour la candeur et l'innocence, porte jusque dans l'âme de nous autres libertins un attendrissement auquel on ne résiste pas... Sublime effet des sages réflexions, des révolutions salutaires qu'il m'inspira!... Je n'eus pas plutôt vu celle qui venait de remporter la rose, qu'il me prit envie de l'effeuiller.

— Cette paysanne avait seize ans, était naïve, sensible et jolie. Je connus avec elle le prix de l'amour; c'était pour moi-même qu'elle m'aimait, (car je n'aurais pas voulu acheter ses faveurs,) et je goûtais pour la première fois peut-être un plaisir si doux... il y avait si long-temps que je n'avais rien fait pour mon cœur !

Ah ! te voilà sur les bords du Lignon! — Tu crains des bergeries, et que je ne te fasse bailler en m'affadissant le cœur... Bourreau ! ne puis-je donc pas me délasser un moment dans les bras de l'innocence?... Qu'elle est jolie, cette enfant ! Son teint hâlé, mais tout en feu quand je l'approche, ses yeux que je la force à lever sur moi sont si touchans !... Sa bouche sans artifice, reçoit et rend le baiser avec cette ardeur ingénue que je sais réchauffer encore. Elle n'a que l'éloquence de la nature ; mais combien elle est vive, lorsqu'elle n'est pas corrompue !... Nous parlons peu, nous agissons davantage.

Mets ta main dans ce corset. Eh bien, as-tu trouvé beaucoup de gorges pareilles ? Comme cela est séparé, blanc, ferme, élastique ! Veux-tu que je te découvre son corps d'albâtre ? Celui-là n'est pas estropié par des baleines ou des tailles à l'anglaise... Voilà les vraies proportions de la Vénus de Médicis. Comme ces contours sont gracieux, amollis à l'œil ! Quelle fraîcheur de carnation ! quel coloris pur !... Bandes-tu ? Quelle jouissance ?... Son premier cri fut : *Ah ! que ça fait mal...* le second : *Ah ! que ça fait plaisir...* Et le plus joli petit cul de remuer ; avantage inappréciable de l'éducation villageoise, elle n'est ni épuisée, ni énervée. Son rein vigoureux craque sous moi : bientôt elle me rend secousse pour secousse : elle ne bat pas les flancs pour s'évanouir ; mais quand elle décharge, chaque fibre est ému, son spasme même est animé. Déjà ses caresses prennent plus d'énergie; elle ose appuyer sur ma langue une langue plus agile... Tous les lieux sont pour nous le sanctuaire de l'amour, la plaine au coucher du soleil, le bocage au midi, au matin la prairie; sans se masquer d'une feinte pudeur, elle laisse parler ses désirs; elle sait qu'ils sont innocens, et que je partage son plaisir à les satisfaire.

Ma Nanette, lui disais-je un jour, l'ambition de la rose était donc bien forte en toi pour te faire craindre l'amour et ses caresses. — Bon, me répondit-elle, si j'ai été sage, c'est que je n'y pensais pas; j'étais tranquille; tous nos garçons ne me donnaient aucune émotion. — Mais Nanette, ton cœur? — Ah! c'est vous qui lui avez appris à parler. — (Je l'embrasse.) Tu m'aurais donc sacrifié ta gloire? — Mais, dame, est-ce que vous ne valez donc pas mieux qu'une rose ?... Et puis je ne l'aurais pas perdue pour ça. — Comment, comment, petite rusée ! — Bah, bah, quand on est un peu jolie, et qu'on est des notables, ils n'y regardent pas de si près. Eh bien ! qu'en dis-tu ? L'aréopage paysan vaut-il mieux que celui d'Athènes ?... Tenez, ma cousine Nicole... Oh ! comme elle aimait Michaut !... ils étaient tous deux comme de la braise ; ils allaient comme nous dans le bois, et ma cousine me disait qu'il lui faisait tant de plaisir !... (Elle rougit la friponne.) — Eh bien ! — Eh bien ! elle a eu la rose l'année dernière, à tout cela il n'y avait qu'à se bien cacher. Quand on ne sait rien, on ne peut pas vous accuser. — Mais toi, tu le savais ? — Oh ! moi, j'aime trop ma cousine ; et puis elle m'avait promis de me tout dire, quand j'aurais la rose...

Accourez tous, enthousiastes ! Voilà donc ces établissemens de vertus ! ces conservateurs de pucelages ! Bon Saint-Médard ! mon pauvre bougre, quand votre révérence proposa cette rose, elle radota, ou le diable m'enlève. — Quoi ! de simples paysannes, à quinze ans, savent déjà tromper !... Sexe enchanteur ! vous êtes partout le même ; et si le serpent n'eût tenté Eve, elle lui eût d'elle-même proposé la douce affaire.

Quelles haines dans ces séjours champêtres, où devrait habiter la paix ? Quoi ! les mères instruisent leurs filles à la délation, à la médisance, à la calomnie ! Bel apprentissage de vertus ! Pour qu'une fille en accuse une autre, il faut qu'elle sache qu'il y a du mal à se laisser baiser par les garçons..... Et l'innocence ! Croit-on qu'une femme oublie en grandissant que telle lui a

fait manquer la rose, peut-être in-
justement ! Les parens n'embrasseront-
ils pas la querelle de leurs enfans ? Les
juges !... Vous avez vu comme ils sont
impartiaux : et puis, qui vous dira que
le lendemain de son triomphe, la rosière, pour éviter l'orgueil, ne s'humi-
lie pas sous un robuste villageois ?...
Nannette et moi ferons-nous un phé-
nomène ? La belle institution qui con-
tient les filles jusqu'à seize ou dix-huit
ans !... comme si l'on ne foutait qu'à
cet âge !... Pour moi, n'en déplaise
aux amateurs et aux sots imitateurs qui
pullulent chaque jours, je séduirai à
Salency autant de paysannes qu'ailleurs.

Il fallut quitter ce joli séjour; je re-
viens à Villers, et bientôt après à Paris... Pardieu, l'air qu'on y respire a
une salubre influence. Je repris à la
porte toute ma scélératesse.

Que diable ! on se rouille à la campagne : on y parle mœurs, vertu, honnêteté, honneur. On y trouve jusqu'à des femmes estimables : ces gens-là m'auraient gâté... Ah ! vive le grand théâtre ; je ne me sens pas de joie. Que de dupes je vais faire encore ! Que de foutre va couler... Mais quelles seront mes victimes ?... Pardieu, je veux faire un acte de justice : il faut que je dépouille nos sœurs de l'Opéra... Bien dit, j'aurai du plaisir et de l'argent... et puis c'est représailles : c'est bonne guerre : pillons qui nous vole, et foutons qui nous fout.

Plein de cette ardeur généreuse, je vole à l'Opéra ; trois mois font bien du changement, et j'avais besoin de me remettre au fait ; je grimpe au marché aux chevaux... Toutes les Nymphes m'environnent, me baisent, me déchirent, m'étouffent ; je riposte à droite,

à gauche; je prends des culs, des tetons. — D'où diable viens-tu ? — De la
lune. — Non, c'est de Mercure. — On
t'a dit mort, mangé des loups, châtré
ou converti, ce qui revient au même.
— Pour converti, j'en conviens... (Je
me dégage un peu pour accoster une
charmante danseuse.)..... Bonjour,
Mimi. — Non, je suis fâchée. — Tiens,
faisons la paix; je veux te donner mon
pucelage. — Non, j'aime mon entreteneur. — Eh !... foutre, tu te moques de
moi; affaire de style, cela s'entend;
me prends-tu pour un recru ? — Je suis
fidèle. — Qui diable te parle d'infidé-
lité ?... Ah! ça, nous couchons demain
ensemble ? — (Elle rit.) Mais s'il le
sait ? — Tu es donc devenue bien bête.
— Il est vieux et jaloux. — Deux raisons pour l'attraper. — C'est un grand
seigneur. — Pardieu, il n'en sera que
plus sot... Ecoutes, le tour du cadran.

Ma divinité était furieuse elle me mordait
doucement les lèvres.

si tu veux, où je le donne à Rosette.
— La raison était déterminante; elle
accepte; moi je fus souper chez un
financier qui rassemblait vingt hommes
de grand nom et de mauvaise compagnie, et quinze filles qui l'augmen-
taient.

Peste de l'animal : quoi, te voilà encore retombé !... C'est une horreur,
tu m'avais tant promis de renoncer à
ces créatures ? — Eh bien ! je te tiens
parole; je n'y vais qu'à mauvaise in-
tention. N'est-ce pas y renoncer ? je
veux gagner de l'argent, et pressurer
la sangsue. — Mais le métier est mal-
honnête. Apprenez, Monsieur le bougre, qu'il n'y a pas de sot métier quand
il nourrit son maître, et que de grands
noms dans la France ne tirent leur
illustration ou leur fortune que du cul
d'une putain... Eh! ces drôlesses-là ne
nous doivent-elles pas tout? Qui les

forme dans le grand art de la coquine-
rie, de la perfidie, des noirceurs, si
ce n'est nous autres gens de cour. —
Nous débauchons une fille; l'attrait du
plaisir, la coquetterie, la vanité, nous
intéressons tout, nous l'enlevons de
chez ses parens ; le père veut le trouver mauvais ; c'est un coquin qu'il fau-
drait enfermer à Bicêtre. Mais non,
une sage institution sait arracher ces
tendres plaintes à la tyrannie pater-
nelle : on la fait recevoir à l'*Académie
de Musique;* alors elle peut librement
lever une tête effrontée , faire marcher
le vice et la bassesse sous les couleurs
du luxe et les livrées de l'opulence.
Son cœur est neuf encore. Quelle jouissance il nous offre ! Le corrompre est
un de nos jeux les plus doux : pourvu
de tous les talens de l'homme aimable,
il faut bien en faire usage. Quel diable
de parti voudrais-tu tirer dans un sou-

per d'une mijaurée qui s'avise d'avoir
de la pudeur? Que tous les raffinemens
de la débauche viennent investir sa
jeune âme, qu'elle soit ivresse, cra-
puleuse; que les plus sales propos
assaisonnent les actions les plus débor-
dées... Voilà un sujet cela. On applau-
dit l'écolière; tout le monde la court,
se l'enlève, se l'arrache, et l'on élève
le maître aux nues.

Mais ce n'est encore là que l'écorce;
l'effervescence des sens, des liqueurs
traîtresses peuvent en faire autant des
autres; et si elle n'avait pas cet avantage, elle ne serait pas distinguée. Mon
éducation manquée ne mériterait pas
d'éloges. Je veux donc corroder tous
les germes de vertu qui pourraient s'é
lever encore, détruire les principes de
la sensibilité, ajouter, s'il est possible,
à la vileté du sang dont elle est sortie;
qu'elle devienne arabe, corsaire, sans

pitié, que son cœur soit plus avide encore que ses mains; qu'insensible à
l'amour, mais pétrie de caprices, elle
ne connaisse de la jouissance que des
désirs effrénés, des plaisirs brutaux;
que tous ses goûts portent l'empreinte
de son caractère; que le mortel le plus
indigne soit toujours le préféré. Jamais
elle ne saura ce qu'est la connaissance,
syrène dangereuse, elle n'enchantera
que pour dévorer; mais je veux aussi
que la dissimulation profonde, natu-
relle à son sexe, exaltée par mes soins,
soit le voile de tant de perfections;
qu'aux charmes d'une figure décevante,
elle joigne l'extérieur le plus attrayant;
que ses talens aggrandissent les blessu-
res que ses yeux auront faites. Je veux
enfoncer dans son âme toute la scélératesse de la mienne; je veux qu'elle
sache abuser jusques dans ses momens
où l'on est sans défense; je veux enfin

la rendre une femme de cour pour le fond, en lui conseillant seulement plus de décence en public. Alors elle pourra voler de ses propres aîles, arracher des fils de famille à la tendresse de leurs pères, aux embrassemens de leurs mères éplorées; leur inspirer des forfaits, mais avec assez d'astuce pour n'y jamais tremper; elle sera en état de réduire à l'indigence ce négociant que son commerce, sa probité, ses richesses avaient rendus recommandables; cet époux qui lui sacrifie la substance la plus pure de sa femme, de ses enfans; elle causera des ruines, des deuils, des supplices, peut-être... Et nous en rirons ensemble; nous partagerons les dépouilles, en insultant aux dupes prises dans nos filets... Mais voilà trop de comptes que j'ai la bonté de te rendre.

Je croyais coucher avec Mimi, une

partie a dérangé la nôtre ; elle était de femmes (car la bougresse est à deux mains). Pour me dédommager un peu, elle me rendit témoin de la célébration des mystères de la grande déesse.

Imaginez-vous un salon décoré, bien éclairé, les portes fermées ; trente femmes (parmi lesquelles je pourrais vous en citer du plus grand), jeunes ou vieilles se mettent nues comme la main. Le premier coup-d'œil fut charmant. Que de trésors se développèrent à mes yeux ! l'une grasse, potelée, offre à mes regards avides une gorge éblouissante ; l'autre dans une attitude molle, couverte de ses blonds cheveux, ressemble à la Vénus du Titien. Une troisième, svelte et légère, paraît une nymphe dans son gentil corsage... Mais que devins-je au signal donné ? Chacun empoigne sa chacune : le premier temps de l'exercice est un branlement général, (foutre, je me branlais aussi, et ce ne devait, sacredieu, pas être la dernière fois,). Tout-à-coup la scène s'échauffe ; la volupté se reproduit sous mille formes différentes ; le bruit des baisers, le murmure des soupirs, les sons entrecoupés se font entendre... Déjà les sophas gémissent ; de tendres pleurs coulent, le tremblement les saisit ; elles s'évanouissent, elles nagent dans des torrens de sensations.

Quel tableau ! Comment te peindre trente femmes qui déchargent !... Je manquai enfoncer la fenêtre qui me couvrait, et sauter dans la salle... Tout-à-coup elles renaissent... Que vois-je !... Sont-ce des satyres ?... Non, non, j'y suis : je reconnais ma chère Vit-au-Conas, à son bracquemart. Trois autres montées comme elles se précipitent sur nos jeunes tendrons ; elles passent tout le sérail à la ronde. — *Viande* creuse , *foutre Mesdames , viande creuse, leur criai-je , ces angins là sont mous , où le diable m'emporte....* Personne ne m'entendit que cette pauvre veuve *Poignet* , qui vint encore à mon secours.

La ronde achevée , l'orgie commence : des flots de vins de Champagne coulent bientôt. L'ivresse s'en mêle ; mes tribades daviennent de vraies bacchantes. Vois ces deux couchées l'une sur l'autre en sens inverse , et se gamahuchant toutes deux ; vois ce groupe plié en mille postures différentes ; plus loin , Vit-au-Conas occupe seule six de ses compagnes ; elle est étendue sur un sopha à jour ; elle tient la langue dans le c.. de la première, qui, suspendue au-dessus de sa tête inonde son visage de foutre , et se baisse pour lui branler la gorge ; ses mains branlent à droite et à gauche ; une qua-

trième à cheval sur elle est enfilée par
son braquemard ; une cinquième à genoux, la tête entre ses jambes, la ga-
mahuche de toute sa force ; la sixième
enfin lui enfonce dans le cul un petit
godemiché qu'un ressort fait déchar-
ger... Tout-à-coup les cris, les impré-
cations, la fureur s'élèvent du sein de
leurs plaisirs ; leurs traits s'altèrent ;
elles ne se connaissent plus ; elles se
frappent l'une l'autre ; leurs seins sont
meurtris, livides, pantelans ; leur chevelure jonche la terre... Eh bien ! leurs
forces ne répondent pas à leur rage ;
elles tombent épuisées sur les tapis
qu'elles souillent de sang, de vin et
d'alimens.... Eperdu, rempli d'horreur,
je me sauve de ce bordel infernal, en
jurant bien de n'y remettre les pieds
de ma vie.

Obligé de me coucher seul sur cette
dégoutante scène, les songes me la re-

tracèrent... Ma foi, ce n'était qu'une horreur de plus; au bout du compte, les actrices, étaient des femmes de cour, de quoi diable pouvais-je m'étonner ? Je pris donc le parti d'en rire en me réveillant, et d'en faire quelques gorges chaudes par charité chrétienne. Je fus le soir chez Mimi, j'arrive à onze heures, comme un homme qui devait être attendu; je la trouve couchée, je me déshabille, je lui vois un peu d'embarras, mes caresses la dissipent, et cette laïs, franche du moins, et faisant son métier de bonne grâce, me procure une jouissance très-vive, très-agréable et très-variée. Sais-tu bien que c'est du fruit nouveau ? Comment diable ! il y a un an que je suis au régime. Je n'eus guère que le temps de courir mes deux postes, et, foi de fouteur, elle n'eut pas même besoin d'employer main forte, le couvent m'avait remonté. De temps en temps j'étais interrompu par des frémissemens contre le parois de l'alcove. —Mais, foutre, ton chat est enfermé. —Eh non.—Pardieu, je te dis que si ; je l'entends qui gratte. Eh bien ! qu'il y reste. — Soit. — Nous n'eûmes en vérité, que le temps de nous ennuyer. Sur les huit heures je me levai pour laisser dormir mon adorable ; j'étais dans son cabinet de toilette, bientôt j'entends rire à gorge déployée , j'y cours, et je trouve le chevalier de *** ; le beau, beau de la cour, comme Saint-Roch, en simple chemise, l'air piteux, gelé et morfondu. Ah ! me dit-il, en m'embrassant, mon ami, je suis mort. —Quoi donc ! — J'ai eu diablement froid ; mais tiens, j'en tremble encore ; j'ai mesuré cent fois, cette infernale nuit, la hauteur des fenêtres.... Mimi me donne rendez-vous hier ; j'étais couché avec elle depuis une demie heure ; nous entendons du bruit... Ah ! dit-elle, c'est mon entreteneur : je suis perdue, au nom de dieu, chevalier, sauve-toi. Je me jette à bas du lit, je ramasse mes habits, et je me fourre dans une petite armoire au bas de l'alcove. — (Foutre, voilà mon chat, écoutons). — Les complimens commençaient à devenir longs, comment sortir ? J'étais nud, sans armes ; elle me l'avait dit vieux ; mais ses valets... Miséricorde, je l'entends qui se couche... Au moins pendant qu'il dormira... Point ; le sapajou avait je crois mangé dix livres de *diabolino;* il l'a foutue douze fois.—Allons donc: cela n'est pas possible... Eh ! mordieu, c'est tout ce que je pourrais faire. — Douze fois, te dis-je, foutre, je les ai bien comptées peut-être. Encore le vieux coquin criait-il *au chat,* et voulait-il venir me visiter : juge de ma situation. Tantôt sur un pied, tantôt sur un autre, grelotant ; une maudite cloison qui rendait tous mes mouvemens... Enfin, il part ; je sors, et mademoiselle se fout de moi, rit aux éclats. —Ma foi, lui dis-je en éclattant de rire, elle n'a pas tort ; mais tiens, chevalier, quand on a peur, on n'y voit pas bien, tu nous fais là des contes, et je parie que tu as rêvé tout ce fatras. — Il se dépite, il jure, il écume, et me fait mille détails. Je crois même, ajoute-t-il, qu'il l'a foutue en cul. Oh ! pour le coup halte-là, chevalier, je ne suis pas bougre.— Eh ! qui parle de toi ?—Toi. —Moi ?—Sans doute, et tu racontes mon histoire. — Par le sang, par la mort, par... mais il n'acheva pas, car il avait l'âme trop bonne. Mimi avait oublié mon rendez-vous, et la peur ou le diable de la malice lui avait fait pousser jusqu'au bout toute cette aventure.

Notre liaison allait son train ; mais il me fallait autre chose que des coups de cul. La petite était fort bien en diamans, en équipages, en argenterie, mille écus par mois, sans les cadeaux. Elle était à la *grande pension ;* et puis le casuel et le travail des mains ; car cette fille-là fuit l'oisiveté, de peur des tentations. Bon an, mal an, si cela dure, cela fait cinquante mille francs... Et moi, je n'aurais rien ! La société serait léonine.—*Primo,* à quoi bon ces diamans-là ; ce n'est plus la mode. — Les emprunter pour les vendre ?... Non, cela n'est pas neuf. Il y a un comte en l'air qui a ce vilain tour sur la conscience... Les empocher et nier la dette ? Tel marquis que je nommerais bien m'accuserait de le copier... On a bougrement de peine aujourd'hui à être un coquin original. Messieurs

les gens de qualité ont épuisé les mo-
dèles. Soyons donc *honnête homme.*
Faisons-lui tenir maison ; qu'elle pa-
raisse donner tous les soupers : pendant que j'inviterai, que je ferai tous
les honneurs, elle paiera, les diamans,
l'argenterie, tout y passera, et quand
elle n'aura plus rien... Oh ! pardieu,
je suis trop scrupuleux pour vivre sur
ses crochets.

Ce plan pris, nous marchons: la cour
et la ville abondent à la petite maison
qui devient la *nôtre :* il n'est bruit que
de nos soupers, les plus jolies filles
s'y rassemblent ; que de couples bizar-
rement appareillés ! Là, c'est un com-
mandeur de Malte, qui n'a rapporté
de ses caravanes que les vices et la
mollesse de l'Asie ; qui joint à la débauche outrée, le scandale d'un reli-
gieux, à la licence d'un militaire, au
débordement de la cour. Il a soixante

ans passés et n'aime que les enfans ; le duvet même d'une motte rebondie , qui commence à fleurir, le choque.

Que prétend-il ? forcer des obstacles imaginaires ?... Débile athlète ; en vain les fouets travaillent ses fesses décharnées, il n'aboutit qu'à pleurer tristement à la porte du sanctuaire que sa main tremblante a fatigué.

Près de lui , voyez cet abbé... Quoi ! vous rougissez pour lui ? Il a l'intérieur d'un infâme , l'extérieur d'un saccrépan , mais il est rampant comme un valet ; il porte le vit d'un mulet ; il sera mîtré : pour crossé , vingt fois il le fut dans sa vie. Voyez les bubons qui couvrent son front, son nez tacheté de rubis... Fruit de la guerre ! s'écrie-t-il en embrassant *Martin*, qui sait si bien que souris qui n'a qu'un trou est bientôt prise.

Eh bien ! eh bien ! Turcaret qui devient tendre... Eh foutre, un instant, attendez donc qu'on éteigne les bougies... Le jeanfoutre allait monter sur Quincy; il vient de lui mettre dans la main. — Fi donc. Que diable! tu as toujours peur. Ecoute... C'est tout le produit d'une confiscation de tabac d'Espagne. Je suppose, me dit Milord B***, qui est à côté de moi, madame Rosette prêter son tripe à moi pour cent guinées. — Milord, vous parlez d'or, mais, sacredieu, prenez-y garde, je crains qu'il ne soit farci.

Ah! million de *Devil*, laisse-moi donc rire... Un provincial qui assure Colombe de son très-profond respect; elle tient son sérieux à ravir... Mais la bougresse fait les yeux mourans. Foutre, je le crois bien, d'Orbigny la branle pendant ce temps-là.

Ecoutes, Hortense, dit le comte qui va à Rome, (il est un peu saoul pour son voyage) tu m'as donné la chaude-pisse; c'est en règle... Non, je ne m'en plains pas, c'est le bonbon du métier; mais, foutre, tu l'as donnée à mes laquais; ces bougres-là me font des représentations, et cela me ruine. — Elle joue la désolée, lui donne un démenti; il était près d'elle : ma foi il lui arrache un chauffoir qui portait les livrées du printemps... Pouah ! nous nous sauvons, et ils se raccommodent.

Mimi donna des bals; on joua; les chevalier d'industries abondèrent; on ruina de jeunes gens et de vieux enfans. Mimi ne fut pas heureuse : enfin, en deux mois nous mangeâmes bijoux, vaisselles, diamans, argent, meubles, jusqu'aux chevaux, quoiqu'ils fussent bien maigres.

Sur ces entrefaites, un maître boucher demanda à l'entretenir; ce gaillard-là était fait aux bêtes à cornes; je ne voulus pas nuire à ma charmante ; je me retirai pour m'attacher à Violette.

Tu connais cette jolie petite, elle est faite comme un ange, pétrie de la main des Grâces, le plus beau teint, la peau la plus fine, la gorge ravissante. A toutes ces perfections, elle joint le talent de tromper un entreteneur mieux que personne qui vive ; un gentil jargon, un air enfantin... Fiez vous-y.

Cette bougresse-là s'était laissé *encaser* l'été dernier ; je lui fis comprendre que son Léandre n'ayant pour toute fortune que *du gazon*, (encore était-il monté en herbe) le produit ne valait pas le diable. Ils se quittèrent mal, comme c'est l'usage ; un financier la prit, la rhabilla, la meubla. Pour le pansement, il n'y entendait rien. Que diable ! il fallait bien que quelqu'un s'en chargeât, et ce quelqu'un là fut moi. Le Monsieur était asthmatique et goutteux ; il avait les doigts à *nodus* et crochus ; c'est l'étiquette : au reste, magnifique seigneur, laid comme un diable, mais parlant d'or. — Chaque visite annonçait un présent. Ma foi dans peu nous devînmes opulens. Ma déesse voulait un carosse : je ne fus point de cet avis (il aurait fallu mettre à bas le mien), mais nous ne nous refusions aucunes des petites commodités du luxe, le tout aux dépens du vilain. J'étais très-féal commensal du manège. De crainte d'accident, je conviens avec Violette qu'elle me présenterait comme son frère, selon l'usage. Un jour donc que notre Crésus avait dîné chez elle, j'entre en frac, veste et culotte blanche, bien retapé, et avec un air décontenancé comme un laquais qui cherche condition. — Ah ! bonjour, mon ami. — J'ai l'honneur d'être, M... le vôtre.

— Que fais-tu ? — (Je crus que le bougre allait me demander où j'avais porté la livrée). Monsieur, je suis tapissier, pour vous servir. — Sais-tu bien lire et écrire ? — Oh ! Monsieur, j'ai été trois ans à l'école, et, sans me flatter... — J'ai des bontés pour ta sœur ; sois sage, et j'en aurai pour toi... — (Il me met deux louis dans la main) Il est réellement joli, ma reine ; il a tes yeux... Çà n'est pas dégourdi. — Oh ! pour cela, non, dit-elle, il est d'un neuf à m'impatienter. — As-tu une maîtresse ?... (Vois comme je branle la jambe en tournant mon chapeau et rougissant). Monsieur, vous avez bien de la bonté : j'aimerais bien la fille à notre maître ; mais c'est qu'il y a un vieux singe qui lui donne dans les yeux parce qu'il a des écus.— Il est donc bien vieux. — Ah ! Monsieur, presque autant que vous. —

Hou, dit-il, en grondant, ton frère n'est qu'un sot... C'est bon, c'est bon; adieu... Je me retire, et foutre, au bout de trois jours mon nom était inscrit sur le livre de vie des femmes.

Violette se donnait cependant au diable, son Monsieur l'ennuyait horriblement; je cherchais à la dédommager les nuits, car Monsieur ne découchait jamais à cause de sa chaste épouse, bonne diablesse d'ailleurs, mais qui le rossait tant soit peu. Deux manières de fouteries divertissait surtout ma princesse, et comme j'en suis l'inventeur, je veux te les détailler.

Après les deux premiers coups, car il faut que l'on soit bien en train, saisissez votre belle à travers le corps, couchez-là sur vous en diagonale, très-peu inclinée; vous passerez votre bras gauche dans le vide que sa position produira nécessairement, et la main

repliée viendra branler le teton gauche ;
elle sera foutue en levrette, cela est
clair ; mais sa tête penchée sur la vôtre
vous donnera moyen de lui tenir langue
en bouche, et la main droite s'appuiera
sur le clitoris... Imagines-toi tout cela
qui part à-la-fois ; le mouvement pa-
rallèle des deux charnière, celui des
deux poignets, la langue qui trotte,
les dents qui mordent... Les femmes
les plus froides partent : c'est un fait ;
juge d'une jeune Salamandre... Je puis
dire sans vanité que peu de putains
sont manégées comme Violette, et
qu'elle a fait honneur à mon invention.

Et je ne passerais pas à la postérité !...
Ingrats mortels ! vous accordez à des
bavards qui vous ennuient, des prix,
des lauriers immortels... Et moi, rien ?
Un plat faiseur de panégyriques, un
fastidieux dissertateur se place dans un
fauteuil... Ah ! pardieu, si ce n'est que

cela, je le laisse entre ses bras pour me jetter dans ceux de Violette... Mais, à la honte de la France, il n'y a point de prix pour ceux qui foutent le mieux. Partisans de la population ! bande-à-l'aise économistes ! est-ce un foutu calcul de morts ou de naissances qui donnera des enfans à l'état ? Tous vos abbés, ennuyeux raisonneurs et qui manquent de couilles, ont des pensions, tandis que j'use mon v.. sans fruit et sans honneur. J'ai vu la guerre au pain dans ma triste patrie ; j'ai vu, (chose incroyable !) six mille soldats réduire cinquante paysans armés de sacs à farine. Qui avait ameuté tous ces gens-là ? Qui avait fait descendre *des montagnes du Ford ces nouveaux sicambres ?*... Vos livres, vos foutus livres. Eh ! mordieu ! si au lieu d'un maître d'école on eût mis dans chaque village un juré en fouterie, les paysans, grimpés sur leurs bêtes, n'auraient point pensé à venir manger les petits pains de la capitale... Autrefois Apollon touchait sa lyre avec un v.. Hélas! il ne bande plus, sa main l'a remplacé!... Eh! que me foutent à moi cent volumes de fadaises académiques, magnifiquement reliés en veau, comme leurs auteurs, enterrés dans une poussière froide et soporifique? Mon livre est un c.. , je le feuillette de mille manières, et le résultat de mes problêmes est aussi gai que glorieux... Je propose donc une académie, moi qui ne respire que la gloire de ma patrie. — Chaque récipiendaire doit être inventeur d'une posture au moins; je fonde dix places ecclésiastiques en faveur d'un beau cardinal et des prélats amateurs, le bas clergé et les moines seront reçus comme associés libertins; chaque année il y aura un prix accordé à la plus

belle manière de foutre, et une mé-
daille d'or pour celui qui l'aura le mieux
employée; les juges seront une du-
chesse, une intendante, une fille d'o-
péra, toutes trois putains, comme il
est ordinaire et convenable. Les mo-
dèles ne manqueront pas... Alors on
verra fleurir le priapisme qui vaut bien
le déisme. Le secrétaire ne s'avisera pas
d'être impuissant, et l'on fera des contes
physiques au lieu de contes moraux...
Mais, foutre, revenons à nos moutons,
il y a de l'analogie, c'est toujours un
animal à toison.

Violette a les plus beaux cheveux de
la terre, et a la manie de se les faire
foutre. — Foutre en cheveux ? — Oui,
mon doux bougre, cela vous étonne ?
même en aisselles, en yeux, en oreil-
les... Pour en tetons, elle a beau faire,
sa gorge est trop dure et trop séparée ;
c'est bon pour *Aimé*. Mais la perle, la

voici. La petite Messaline s'étendait tout de son long, les jambes bien ouvertes; et moi mettant les pieds où je devais avoir la tête, je la foutais en bouche, puis la tête entre ses cuisses, je la gamahuchais d'importance; pardieu tu rirais si tu pouvais être témoin de cette scène; ce mouvement double de tête et de cul est impayable.

Cependant, M. Duret fournissait aux appointemens, et je mangeais d'autant. Nos sociétés de débauche, dont il n'était pas, m'amusaient assez. Un beau matin, je vais demander à déjeûner à une jolie coquine de notre intimité. Les valets sont toujours au diable, et je pénètre jusqu'à la chambre à coucher sans obstacle. Un bruit très-significatif m'apprend qu'on est en affaire. Je me retirais, quand j'entends : assez, assez... Ah! révérend... assez... Ah! foutre... bougre de moine... Ah! tu me feras mourir. — Par le cordon de Saint-François, répond le caffard, je veux achever ma douzaine... Foutre, il est des nôtres; je saisis une écuelle pleine de rôtie sucrée. Je me campe en sentinelle, en attendant qu'il ait chanté sa litanie; alors, ouvrant le rideau. — Père-en-Dieu, lui dis-je bien humblement, ne voudriez-vous pas ce julep? vous me paraissez échauffé du sermon. — Quel v.. ! mon ami, quel v.. ! Ah! pardieu, celui du Turc n'y faisait rien... Qui fut sot, sinon père Ambroise, provincial de son ordre? Il s'était chargé d'une mission, et jamais pareil goupillon n'a pu exorciser monsieur Satan... Ecoutes, mon révérend, lui dis-je, je suis bon diable, soyons amis, rassures-toi et buvons un coup. Père Ambroise tope à la proposition, se remit de son trouble; Alexandrine sonne et le déjeûner nous apparaît....

Foutre, dit le moine encore en rut, voilà, mon cher, voilà cependant l'effet de nos garces de robes. Sous ce froc que j'abhorre, nous cachons des vits de fer et des cœurs de poule, par la crainte des supplices affreux qui nous attendent. — Comment! des supplices pour avoir foutu une jolie femme? — Eh! foutre, non, c'est pour la bêtise de se laisser prendre sur le fait. Nous sommes à peu-près les plus honnêtes d'entre les capuchonaires; toujours pères à grandes manches furent honorés par les femmes, peut-être moins par les maris; quoique, sacredieu, nous rendions de grands services dans un ménage. Tant que la pécadille est secrète, nous n'avons rien à redouter; le cas mis au jour, on nous séquestre. —Comme vous expédiez votre monde? — Ma foi, autant vaut, nous les campons *in pace*. Moi-même, sacredieu, qui suis bon diable, j'ai enseveli dans un cachot un jeune père qui s'était fait pincer chez la *Dumas*. Nous ne vivons que d'aumônes. L'hypocrisie nous est donc salutaire et nécessaire. Mille plats-bougres, autant de vieilles putains qui veulent aimer Dieu, parce que le monde ne les souffre plus, entretiennent notre fainéantise. Mille fraudes, mille tours de passe-passe nous aident à leur escroquer de l'or, qui, décorant les autels de la superstition, alimente les suppôts des vices; car, foutre, je suis de bon compte, à commencer par moi, nous ne valons rien. — Cependant, père, vous êtes avancé pour votre âge. — Cela est vrai; mais écoutez pourquoi, j'entrai à dix-neuf ans dans le cloître, des fanatiques m'avaient monté la tête; je voyais le diable en propre personne qui me talonnait; j'avais peur de ses cornes... (J'en ai tant planté depuis

que je me suis familiarisé avec les or-
nemens de ce pays là)... Au nom de
la sainte obéissance , on m'encula; j'é-
tais grand et bien fait , je deviens le
bardache à la mode de la communauté,
mon v... ne tarda point à se porter à
ce degré d'éminence où vous le voyez.
Les contrôleurs ambulans de la sacrée
hiérarchie faisaient la recrue pour le
collège de Rome ; notre père général se
mourrait de consomption , on l'avait
mis au c.. pour se refaire... Foutue
viande, (n'en déplaise à madame) pour
un Italien ; mais il avait épuisé l'Italie ;
j'étais beau *à parte ante, et à parte
post* (Cela veut dire de cul et de tête).
Notre gardien nous présenta (Le pauvre bougre est mort de chagrin de ce
sacrifice). Le visiteur me prit la mesure , et je fus agréé. Amené à sa révérence *éminente*, elle me tourna le

cul ; c'est la marque d'honneur, et j'entrai en exercice. Sacredieu, c'était un fier *puant*, il était large comme un muid ; mais j'étais de taille : je devins son mignon ; il fut fait grand inquisiteur de Tolède ; je le suivis. Ah ! foutre, la bonne vie ! C'est-là qu'il me fut permis de connaître les c... Le bon pays que l'Espagne ! il y a bien des fleurs à cueillir, souvent elles sont blanches ; mais un moine ne doit pas être si délicat. Je ne vous détaillerai pas tout ce dont je fus témoin ; combien de jolies filles nous avons enfermées comme juives et foutues comme chrétiennes ! Nos culottes leur servaient de *san benito*, et l'absolution se donnait à coups de v... Ce qui me fâche, c'est qu'on en a fait brûler une douzaine qui s'avisèrent de faire les étroites, ou qui voulaient jaser... Oh ! la discrétion est une belle chose !... Père Nicole mourut de la mort des saints, de la vérole ; (je rendis quelques services au cardinal Porto-Carreto : on me fit vicaire et de là provincial : la vie de bougre m'ennuyait ; Paris fourmille en cristallines ; d'ailleurs, monté en grade, je n'avais plus rien à craindre ; j'ai donc suivi mon goût ; j'ai foutu, je fous, je fouterai ; voilà mon histoire et ma conclusion.

Nous l'arrosâmes... Mais, père, les dévotes vous paient. — Foutre, sans doute ; j'en ai, moi qui vous parle, pour cent pistoles par mois, sans compter le casuel ; je dirige c.. et consciences. — Comment la confession !.. — Foutaise ! c'est là qu'on iustruit une fille, que l'on tranquillise une scrupuleuse madame, et qu'en sortant de l'église on lui donne pour pénitence l'avant-goût du bordel. — (Le sacré

bougre de caffard me faisait frémir,
malgré ma scélératesse ;) Mais, père,
on ne croit donc à rien chez vous ? (Je
le savais bien, et je ne crois pas plus
qu'eux apparemment, mais je voulais
approfondir la monstruosité de ces
gens là). — Eh ! mon ami, vous êtes
bougrement bête pour un homme du
monde. Qui diable peut croire aux sin-
geries qu'il invente ? Je me fous de Scot
comme de Saint-Augustin. Bien intri-
guer, bien boire, bien foutre... et vo-
gue la galère. La dévotion nous rap-
porte, nous en dégoisons ; nous amu-
sons les vieilles, nous branlons les jeunes. — Pardieu, père, c'est bien pensé :
voilà des maximes très-évangéliques ;
mais vous oubliez un grand point, l'in-
struction et l'intendance des familles.
— Foutre, c'est là où nous brillons ;
la nation bigote, gente imbécile, quoique traîtresse, nous est dévouée, je

vous l'ai déjà dit; nos armes, dans le commencement, sont la persuasion, la douceur, les inspirations du Très-Haut; nous nous insinuons en serpens, nous élevons sur la base de l'humilité le triomphe de l'orgueil. D'abord complaisans, bientôt despotes, nos avis deviennent des décisions, nos décisions des oracles, auxquels ils n'est pas permis de résister; et n'avons-nous pas fabriqué les foudres du Père éternel, pour punir les réfractaires ? Voilà comment, en captivant les consciences, en faisant peur de Béelzébuth (moins méchant que nous cependant), nous sommes les maîtres des secrets, des biens d'une famille. Il y a dans une maison une jolie fille, je veux la foutre, elle ne le veut pas, son arrêt est prononcé, un couvent la fera gémir de son trop de vertu... On veut marier sa sœur, son amant lui plaît, mais il me déplaît à moi, parce qu'il me méprise, ou seulement quelquefois parce que je veux faire le mal pour le mal : cela divertit le cœur d'un moine ; je répands des bruits sourds ; il ne croit ni à l'échine de Saint-Pantaléon, ni à la culotte de Saint-Bonaventure ; c'est un impie, il est exclu, il se met à la raison, il paie, il devient orthodoxe autant que Saint-Dominique. Le fils unique est un jeune homme de la plus grande espérance ; il a de l'esprit, de l'élévation, des talens ; son père, dur comme tous les dévots (quoiqu'ils ne soient pas les seuls), le laisse manquer d'argent, le met hors d'état de se soutenir ; il cherche des moyens : que sais-je ? La fougue de l'âge le pousse à quelques sottises. Je conseille le sceptre de fer ; il le sait, il me déteste : bon, cela vient à mes vues. Tout en feignant de l'excuser, je le rends plus

coupable, je le fais déshériter, enfermer, périr, tout cela pour la plus
grande gloire de Dieu, et le barbare
idiot, que je bride par le nez, croit
avoir gagné le ciel qu'il fait frémir
ainsi que la nature... Une femme aimable et jolie est l'épouse d'un vieux coquin; l'espoir d'assouvir une vengeance
déjà criminelle, une haine odieuse par
son motif et ses effets, sa lubricité im-
puissante, ou tel autre objet aussi loua-
ble, l'ont poussé à l'associer à son in-
firme et débile décrépitude. Les jours
de cette beauté s'écoulent dans les
pleurs, ses nuits dans les privations et
les sanglots : trop heureuse encore, si
elle n'est obligée de recevoir des caresses dégoûtantes, qui, en outrageant
ses appas, révoltent son cœur; de souf-
frir un supplice réel en corps comme
en esprit, puisque jamais elle n'embrasse qu'une ombre... Ah! la jolie

position, pour moi caffard, effronté, libertin, audacieux... Mon projet est formé; elle se rendra à mes désirs; je l'immolerai à ma passion, ou elle est perdue, infâme, déshonnorée. Goûts innocens, plaisirs permis, bienséances nécessaires, pensées, paroles, actions même indifférentes, gestes, regards, joie ou tristesse, tout sera empoisonné, si elle n'est pas complice elle sera ma victime. Elle vivra souillée à ses propres yeux, ou périra dans les chagrins et couverte d'opprobres publics... Mais, foutre, buvons un coup. Ami, *in vino veritas...* Sacredieu, n'allez pas révéler le secret de l'église, vous vous en repentiriez. — Qui, moi, mon père? et comment s'il vous plait? Je ne dépends pas de vous autres. — Vous n'en dépendez pas? foutre, nous allons voir... Je suppose un instant que vous ayez été assez sot ou assez mal avisé pour nous insulter. Vous êtes foutu, mon ami. — Alte-là, scélérat de moine, s'écrie Alexandrine, tu fous comme un ange, mais ton cœur est atroce, tu me fais horreur; je me sauve; je ne veux pas t'entendre davantage. — Morveuse, dit père Ambroise, cela ne sait pas son pain manger; va-t-en, va-t en, je 'ne bande plus... (Nous continuons).

Crois-tu que nous l'attaquerons à force ouverte? Pauvre sot ! tu te sauverais, tu nous démasquerais. Non, nous commençons par nous informer de tous les gens estimables que tu connais; nous choisissous les plus faibles, dont la molle vertu soumise aux préjugés, se fait des monstres exprès pour les combattre. On fait ton éloge. C'est bien dommage que tant de qualités soient gâtées par tel et tel défaut (il sera toujours dirigé suivant la manie de l'auditeur bénévole); on sème ainsi peu-à-peu la froideur, on te suit pied-à-pied, on ne laisse échapper aucune occasion. — Mais je ne donnerai aucune prise sur moi. — Tu veux obtenir une place, former un établissement, lettres anonymes, inventées par le diable qui en fit présent au premier cénobite, voleront de tout côtés. Nos partisans les répandront; les proclameront en secret, en les commentant; les envieux les adopteront avidemment, et les mettront en crédit; tes ennemis (tout homme en a, et ceux de mérite plus que les autres,) enchériront. — Mais je me défendrai peut-être. —Sans doute, je crois même que tu persuaderas cent personnes qui te connaîtront particulièrement, mais la voie publique sera toujours contre toi, et à peine trente ans de vie te suffiront-ils pour effacer l'impression qui t'aura perdu... Va, va, nous suivons à la lettre la maxime que l'ami Machiavel nous a léguée... *Calomniez toujours, il reste au moins la cicatrice*, et la méthode est infaillible.

Ma foi, père, je suis ravi, extasié; je ne vous croyais pas si habile. — Bon, bon, reprend le papelard, ce ne sont là que nos élémens... Et si je te dévoilais les ressorts de cette politique qui nous a fait pendant si long-temps commander à la terre en rois des rois, et faire disparaître à notre gré les souverains du trône ou du séjour des vivans... — Ah! père, de grâce, apprenez moi de si belles choses. Pardieu, qui sait! peut-être me ferai-je Cordelier. — Tu pourrais, foutre, plus mal t'adresser. Mais écoute.

Tu n'ignores pas qu'il fut un temps où la crasse ignorance enveloppa le monde; le fanatisme et la superstition régnèrent en adeptes sur les siècles heureux... Age à jamais mémorable et fortuné où le froc commandait au diadême, ou les Bernard, les François, les Dominique, puissans en voix, en poumons et en scélératesse, savaient émouvoir, exalter la bile de l'imbécile chrétienneté ! Prophètes audacieux et menteurs, ils entassèrent des millions de croisés, dans les sables de l'Egypte et de la Palestine, et l'Europe, à leur premier signe, ébranlée contre l'Asie, courut y chercher de vastes tombeaux, tandis que les crédules habitans, devenus nos vassaux, laissaient dans nos mains assez de dépouilles pour élever la vraie Jérusalem, la Jérusalem immortelle et puissante, où devaient pulluler tous les vices de l'oisiveté, tous les crimes de l'ambition et de la cupidité.

Alors tout moine était saint, tout homme un peu éclairé au-dessus de son siècle, était excommunié. La liberté n'est plus, nous poursuivons son ombre jusqu'au fond de l'âme, jusqu'au sein de la pensée... Heureux temps! ils changèrent, hélas!.. La *Philosophie* parut, non pas cette tracassière *verbeuse* qui se traîne encore en rampant dans la poussière de l'école; mais cette lumière vive et fatale qui a dissipé les vapeurs du fanatisme, et brisé les hochets de la superstition; tels que les oiseaux de nuit, nous fûmes blessés de l'éclat du jour. Il nous terrassa, nous courûmes nous cacher dans ces asiles que le vulgaire respectait encore, le rayon vengeur nous y suivit; on démêla nos trames, on dévoilà nos ressorts, on approfondit notre politique, on démasqua nos mœurs et nos vices. L'univers conjuré se réunit pour nous abattre; nous étions perdus... Son mépris nous sauva, notre métropole nous soutint.

Il est une puissance dont l'orgueil excessif et les prétentions sans bornes en imposent, quoique son autorité soit précaire et factice, artificieuse autant qu'opiniâtre et politique, sa force est dans sa faiblesse. L'ignorance lui a donné l'être; l'astuce et la fourberie l'ont accrue; les dissensions des princes et les intérêts anarchiques, dont elle a su profiter, l'ont rendue formidable; la persévérence et la hauteur l'ont maintenue; ses excès l'ont affaiblie, l'art et la souplesse la soutiennent; son chef, long-temps modérateur impérieux d'une aristocratie puissante, ne doit son crédit qu'à nous. Milice enthousiaste, ardente et toujours renaissante, perdus pour la chose publique, isolés d'esprit et de cœur, du reste des humains, notre unique intérêt est notre agrandissement qui fait la gloire de ce vicaire fanatique. C'est sur nous qu'il fonde son empire. Aussi sommes-nous ses enfans chéris autant que dévoués. Fraudes pieuses, spectacles indécens, farces coupables étaient autrefois révérées; mais leur règne a passé! Eh bien! notre marche en est devenue plus secrète et plus sûre. Nous avions à nous venger; du fond de nos asiles nous soufflâmes la discorde, nous fomentâmes ces guerres civiles qui ont inondé de sang l'Europe déchirée; nos libelles, nos sermons séditieux, les séductions du confessionnal nous suffirent pour aiguiser les poignards; et grâces à nos efforts, il fut universellement reconnu *qu'il est permis, qu'il est saint de tuer un hérétique,* c'est-à-dire notre ennemi; ainsi le père massacra son fils, ainsi le fils arracha à son père la vie qu'il en avait reçue ; les forfaits ont produit des martyrs, nous dévastâmes de fertiles contrées, nous versâmes sans danger des flots de sang. Nul mortel dévoué à notre vengeance ne put se dérober à nos coups. Ici, les fils de Saint-Dominique font périr le dernier des Valois ; là, ceux d'Ignace immolent Henri, que des philosophes osent encore pleurer ; les bûchers, le fer, les poisons, nous servent tour-à-tour, les victimes s'amoncèlent, les bourreaux et les assassins sont fatigués ; les prisons régorgent d'innocens, et nous de sang, d'or et de volupté... Mais nous ne sommes pas rassasiés. L'esprit de commerce qui s'est venu joindre à celui de domination, nous prodigue en vain les trésors du Nouveau Monde dévasté par notre art aussi bien que celui-ci, notre avidité s'en irrite, et nos mœurs n'en sont pas adoucies, le calme règne en apparence, mais il n'est que simulé; nous sentons que nos richesses survivent à notre crédit; les ambitieux promoteurs du despotisme qui, cependant, haïssaient les rois, sont anéantis; il nous faut bien rester dans le silence; mais non pas dans l'inaction. Nos complots se lient, nos trames s'ourdissent, nos ennemis nous attaquent avec les armes du ridicule, ils s'abusent sur leur prétendue supériorité : nous nous réservons bien d'autres ressources, nous minons sans bruit; tu es jeune, tu verras le fruit de nos travaux. Une révolution, éloignée peut-être, mais certaine, menace de nouveau le monde, nous foulerons aux pieds ces hommes superbes qui osent nous dédaigner; nous commanderons encore... Puissions-nous replonger les humains dans la barbarie, anéantir les sciences, arracher jusqu'au germe funeste de cette philosophie perfide qui nous abreuve d'humiliations, élever enfin sur tant de ruines le nouvel édifice de notre grandeur ! Alors un sceptre de fer régira l'univers, soumis à nos caprices, dévoués à nos plaisirs. Nous disposerons en sultans, des mères, des femmes, des filles de nos esclaves, et nous amènerons ces âmes avilies au point de regarder comme un bien leur déshonneur... Vas, ces jours de félicité s'avancent plus rapidement que ne le croient nos impudens ennemis. Ils n'osent pas tenter le seul moyen de reculer, celui de casser notre sainte milice, et la hiérarchie puissante sous les drapeaux de laquelle nous servons, de nous arracher surtout ces richesses immenses qui nous rendent tout possible. Non, nous ne craignons rien de ce siècle vénal, nous payons des protecteurs qui deviendront nos esclaves; ils nous rendront au centuple ce qu'ils nous auront coûté. — Par là, sambleu , père, voilà qui est sublime ! Quelle immensité de vues ! Quelle étendue de scélératesse ! Quels mystères d'iniquités... (je m'arrête, car père Ambroise s'apercevait qu'il avait trop parlé, et fronçait le sourcil; pour le dérider, j'attrape Alexandrine qui dansait au milieu de la chambre)... Père, voulez vous connaître le vrai type de la destinée des empires, l'instrument des révolutions, la boussole de l'univers?... Le voilà, dis je, en mettant en évidence le c... rebondi de la belle, c'est là que viennent aboutir les intrigues du sacerdoce, la morgue du sultan, le faste du Mogol, les caprices du despote, les fureurs du tyran, les délices ambitieux du conquérant, les richesses des deux hémisphères... Fou-

tre, je me sauve au milieu de la pé-
riode, car père Ambroise m'enlève
Alexandrine, et la jette sur son lit pour
y aboutir aussi.

Je rentre chez Violette, le chagrin
m'y attendait : une régie avait chassé
M. Duret des fermes générales : nous
n'avions rien à ménager, (nous de-
vions; nous, c'est-à-dire elle,) je lui
conseillai de vendre ses meubles pour
payer, et je me retirai pour ne pas
gêner le déménagement.

J'ai toujours aimé la musique; je fis
le même soir connaissance avec la
Guymarre. Cette bougresse-là est laide
et joue comme une cuisinière; mais sa
voix est belle; et quant elle ne chante
pas faux, elle fait plaisir; d'ailleurs,
elle fout comme une enragée. Ma ré-
putation abrégea le cérémonial; je
convins de six coups par jour; elle
cassa aux gages son porteur d'eau

qu'elle avait éreinté, laissa reposer ses laquais et son coiffeur ; et nous nous accordâmes à faire bourse commune (bien entendu que je n'y mettrais rien). Elle donnait des concerts, recevait des compagnies qui la grugeaient en la détestant, des musiciens, d'assez mauvaise compagnie, et des gens de qualité amateurs qui n'ont pas même le mérite d'être bons.

J'étais à causer un après-souper avec un virtuose célèbre et charmant compositeur (*Cambini*) : nous parlions de la révolution, de la musique en France ; je l'écoutais avec avidité et je m'instruisais ; tout-à coup un de ces Messieurs nous aborde. — Quoi ! vous parlez composition ! pardieu, sans me flatter, je suis d'une bonne force. — Je n'en doute point, lui dis-je en jettant un coup-d'œil sur l'artiste, et je serai fort aise que vous nous donniez, à Monsieur et à moi, quelques leçons. — Volontiers, volontiers, moi je ne refuse jamais mes soins. — Par exemple, monsieur veut composer un opéra, et il me demande le poème. — Sa musique est faite apparemment? — Non pas; comment! — Tant pis; jamais la musique ne va bien, quand on la compose pour des paroles, cela gêne un musicien et l'empêche de peindre; son imagination est refroidie. — Mais, monsieur, il me semble... — Il vous semble mal. Un orchestre, morbleu, un orchestre, voilà tout ce qu'il faut; suivez le moline, cela s'appelle faire un opéra; les paroles ne sont jamais d'accord avec la musique; mais aussi cela n'arrête point les effets... Moi, je tiens pour les effets; ai-je raison, Cambini? Monsieur le marquis, cependant, quand on veut exprimer un sentiment, l'amour, par exemple... — Oui, il faut du chromatique, beaucoup de fausses quintes ; on relève cela par l'accord parfait, delà on passe dans le ton relatif par la tierce mineure : appuyez-moi une septième diminuée. Si le mode est mineur, grimpez au majeur ; semez-moi des bémols, accords de tierce, dominante, sexte et les doubles octaves... Pardieu, l'on module dans un tour de main... As-tu de la fureur dans ton opéra ? — Beaucoup, monsieur le marquis. — Ah ! pardieu, tu vas voir ; mesure à quatre temps battue, bien ferme, pour le récitatif *ad libitum*, avec accompagnement obligé, ensuite un cœur en fugue à deux sujets bien sortans l'un de l'autre, parce que cela marque la dispute, le conflit de juris-diction, surtout que cela crie comme le diable ; (il faut que l'on entende un chœur peut-être) c'est ça, hein ?... un grand silence ; c'est imposant çà, hein ?

Un trois temps bien tendre pour faire le contraste, tu m'entends bien ! Il n'y aurait pas de mal d'y mettre des timbales, ensuite le héros se fâche en *allegro* avec quatre bémols à la clef ; il faut qu'il fasse une tenue de dix mesures pour lui rassurer la poitrine ; pendant ce temps-là, l'orchestre va le diable ; puis ton héros fait des roulades pour se reposer ; il veut qu'on l'entende... Eh ! non, morbleu, que l'orchestre l'écrase ; et si ce diable de Legros perce encore, on y mettra du tonnerre... Ah ! ce que je te recommande c'est une basse bien ronflante que tout cela marche... et mes airs de danse, monsieur le marquis ! — Oh ! pour cela il nous faut du noble ; un beau grand morceau de flûte avec des variations pour la commodité de Salentin, et puis un point de l'orgue avec des roulades ; il sera long pour faire un peu gigoter Gardel... Tu ne sais pas comment sortir de là ? — Ma foi, non. — Un tambourin, mordieu, un tambourin ; il n'y a que ça pour qu'on s'en aille gaîment... Ah ! ça, bonsoir...

Ah ! cervelle du diable, maudit empoisonneur *coglione, coglione*... — Là, là, tout doux Cambini, lui dis-je... Eh bien ! mon ami, voilà qui vous juge, et sans appel encore... Nous rejoignîmes la compagnie à qui le marquis avait déjà fait confidence de ses bontés pour nous, en briguant des voix pour la première représentation, en cas que l'on suivit ses avis.

Je passais ainsi ma vie au milieu des talens et des ridicules ; mais ma bougresse m'ennuyait ; elle jure comme un charretier ; pas la moindre ressource avec elle ; elle ne sait que foutre, encore brutalement. Un dernier trait me la fit planter là. Un soir, en sortant du

spectacle, j'entre chez elle, elle allait souper en ville et moi aussi. Peut-on partir sans faire graisser ses bottes? Je m'asseois sur une chaise; elle se met et je la fous. Dans le plus fort du plaisir et feignant de perdre la tête, la gueuse ne la perdit pas. Ma montre était superbe, elle en avait envie; l'escamoter lui parut joli; elle la tire tout doucement et la met dans sa poche. Aussi chatouilleux qu'elle, je m'en aperçois, et je parviens à lui dérober la sienne qui était d'un grand prix; nous nous quittons. Le lendemain, grandes inquiétudes de sa part, plaisanteries de la mienne... Pour dénouement, vous êtes une effrontée coquine, lui dis-je, je vous rends votre montre, gardez la mienne, vous l'avez profanée; ma seule vengeance sera de répandre ce trait odieux, il est neuf et vous fera honneur... Elle jura; je lui fis la révérence et je sortis.

Il faut donc jeter le mouchoir... Allons, Dorville, tu seras ma sultane. Ma foi, elle en vaut la peine. Une taille de nymphe remplie \de grâce, le plus bel incarnat anime son teint de blonde ; ses grands yeux bleus ne demandent qu'à mourir pour ressusciter... On se retrouve du moins avec celle-là ; ma cuisinière m'avait dégoûté. Nous commençâmes par coucher ensemble, et ma nuit fut éloquente et décisive. Je m'établis maître de la maison. J'avais sous moi un intendant avec qui il fallait des ménagemens, parce qu'il payait la dépense ; je suis bon diable, je lui laissais le champ libre.

Cette nouvelle jouissance me plaisait beaucoup ; tous les raffinemens de la volupté nous énivraient tour-à-tour ; je la trouve un matin dans son cabinet de bain, elle en sortait comme Vénus Anadyomène, parée de sa seule beauté,

une jambe était encore dans la bai-
gnoire, elle appuyait l'autre sur un
fauteuil ; ses beaux cheveux flottaient
sur ses épaules ; sa main caressait une
gorge d'albâtre, elle contemplait tous
ses charmes avec un doux sourire ;
placé dans l'embrâsure de la porte que
j'avais entr'ouverte : observateur ban-
dant, je jouissais de ce spectacle déli-
cieux, et le feu coulait dans mes veines.
Un bruit léger que je fais m'offre un
nouveau tableau. Elle se baisse toute
honteuse, la rougeur, la colère ; elle
cherche à se faire un voile de sa longue
chevelure... Un petit caniche, assis
sur le fauteuil, s'élance justement où
il fallait, entre ses cuisses, lève sa tête,
voile le sanctuaire, jappe de toute sa
force, et remplace par sa petite gueule
une autre fente... J'entre en riant à
gorge déployée ; ma belle fut bientôt
consolée, et devinez comment ?

Vous vous imaginiez que je devais être heureux... eh bien! je ne l'étais pas. Dans ce beau corps, le temple des grâces, Dorville renferme l'âme d'une furie bizarre, capricieuse; elle n'a de constance que dans le mal et la noirceur; intéressée, avare même; elle n'attire des amans que pour les dévorer. *Je suis fâchée*, me disait-elle un jour, en parlant d'un malheureux dépouillé par elle, perdu, abîmé sans ressource, *je suis fâchée de lui avoir laissé les yeux pour pleurer...* Dorville empoisonne tout; sa langue perfide dénature les choses les plus simples; son esprit artificieux, fécond en intrigues, cache la dissimulation la plus profonde sous le voile de la naïveté la plus ingénue, méchante; comme tous les faibles, les crimes ne lui coûteraient rien sans la crainte des supplices. — Eh! pourquoi vivre avec un pareil monstre?

— Je ne la connaissais pas ; elle est séduisante ; je croyais qu'elle m'aimait... j'en fus cruellement puni.

Le comte de *** était mon ami, il venait souvent chez Dorville, sa présence ne me gênait pas, je ne l'en croyais pas amoureux : j'étais tranquille : mais bientôt je crus démêler en lui de la contrainte, il venait plus fréquemment, mais sa gaîté disparaissait. Peu-à-peu, il se montra sombre et taciturne, accabla notre société d'ennui et moi de chagrin. Je m'efforçais de le distraire ; il recevait mes avances avec cette politesse gênée qui présage aux amis le refroidissement et la rupture. Dorville est adroite, insinuante, je lui confiai ma peine, je la priai de tirer de mon ami le secret de ses malheurs ; elle parut entrer dans mes vues.... La perfide... Quelques jours après elle m'inquiéta par sa profonde tristesse; je la surpris plus d'une fois versant des larmes qu'elle voulait dérober. Inquiet, allarmé, je pressai, je conjurai; enfin, dans ces momens où tout entier l'un à l'autre, on ne se refuse rien, je renouvelai mes efforts; alors, avec cette émotion, cet accent que la vérité seule devrait connaître... Oh! mon ami, me dit-elle, cher amant! je vais navrer ton cœur; mais j'exige ta parole : cette parole sacrée que tu contiendras une trop juste fureur. (Je promets ce qu'elle me demande)... Tu croyais le comte ton ami, il n'est qu'un traître. — Un traître! lui? — Oui, un traître bien lâche, et il a voulu me rendre sa complice. Il m'a fait l'aveu de son indigne amour. J'ai essayé de le ramener à l'honneur, à l'amitié; j'ai employé la douceur, les prières, les larmes... Mais, au nom de l'amitié, son emportement a été extrême. Je l'abjure, s'est-il écrié, je l'abjure, mon rival est mon ennemi... Ajouterai-je les insultes qu'il t'a faites ? Non, non, mon cœur en saigne encore; tu voudras te venger, tes jours seront en péril... Mais, Dieu ! que je crains de noirceurs... — La barbare ! et des pleurs inondent son visage, elle en baigne le mien; ses caresses portent dans mes veines tous les poisons de la jalousie; l'orgueil développe un amour que je n'avais pas cru sentir... Moi, je perdrais tant de charmes !... Indigne ami, tu périras, ton sang laveras ton offense... Dorville ne feint d'apprécier ma fureur que pour l'attirer davantage; mais elle m'avait lié par des sermens; la rage se concentre et fomente dans mon sein.

Le comte revint; nous nous agaçâmes; je le persifflai : Dorville, toujours entière, empêchait toute explication;

cette situation était trop violente pour durer. Le comte m'insulta ; nous sortîmes ; la fureur nous guidait l'un et l'autre ; je l'atteignis d'un coup mortel qui l'étendit à mes pieds... Hélas ! le voile affreux qui nous couvrait tombe aussitôt ; le comte laisse tomber son épée : je me précipite sur mon malheureux ami, pour arrêter son sang... (C'en est fait, me dit-il, il faut que je meure... je l'ai mérité...) Ami, je voulais t'arracher la vie... Dorville me l'avait demandée. — Dorville, ô ciel ! — Ma passion était au comble... Elle avait mis mon bonheur à ce prix... Adieu, pardonnes-moi... Je suis bien puni... Que je meure du moins ton ami... — Il s'efforce de m'embrasser ; il expire... O terre, engloutis-moi.. Je m'arrache de ce lieu d'horreur ; désespéré, furieux, j'erre en proie aux furies qui me déchirent. Je ne sais où je

vais ; mes pas s'arrêtent machinale-
ment devant la maison de l'infâme ; j'y
monte et je tiens encore le fer fumant
du sang de mon ami... C'est moi, c'est
moi, qui l'ai tué, m'écriai-je en hur-
lant de douleur ; tiens, monstre, as-
souvis ta rage ; il n'est plus ; tu voulais
qu'il versât mon sang ; tu m'as demandé
sa vie, tu lui demandais la mienne ;
viens, prends-là, rassasies-toi de carnage. — Le sang-froid, la sérénité,
règnent sur son visage ; la joie y perce ;
elle ose encore me tendre les bras, me
féliciter sur ma victoire... Horrible Mé-
gère ! tremble, cette main que tu as rendu
criminelle pourrait te punir. Un geste furieux accompagne ces mots ; elle se précipite à mes genoux, son sein palpite et la
pâleur le convie... Je jette mon épée
loin de moi ; toute son audace renaît...
Et bien, dit-elle, j'ai tout conduit, il
est vrai, je le détestais, j'ai alimenté

son amour pour le perdre; je l'ai animé contre toi; je savais que je ne t'exposais que faiblement; il m'avait offensée autrefois, en me préférant une rivale... Je suis vengée... Je l'entendais à peine. Devenu plus calme, je m'évanouis, et je me retrouvai dans mon lit au milieu de mes gens.

Long-temps je suis inconsolable; absorbé dans ma douleur, je fuyais les humains. L'image de mon ami succombant sous mes coups, me suivait sans cesse; je me refusais à toute distraction; je mourais lentement, j'invoquais le tombeau.

Dans la même maison, mais dans un corps-de-logis séparé du mien, la femme d'un colonel vivait très-retirée; jusques-là je lui avais rendu quatre fois par an les simples devoirs de l'honnêteté. Ma vie trop dissipée, le genre auquel je m'étais livré ne m'avait pas permis de faire beaucoup d'attention à elle. Mon valet-de-chambre, instruit de mon affaire et désespéré de mon état, imagina que cette jeune dame pouvait seule m'en tirer. Mon changement de conduite et d'humeur avait fait un événement dans la maison; il sut se faire presser d'en découvrir la cause; quelques mots lâchés à la femme-de-chambre excitèrent la curiosité de la marquise. Mon homme lui détailla ma funeste aventure; elle en fut touchée; chaque matin ses gens s'informèrent par son ordre de ma santé. L'apathie où j'étais plongé ne me permit pas de sentir que je devais l'en remercier; nous nous rencontrâmes un jour en sortant; elle me fit des reproches de mon humeur sauvage avec un air d'intérêt; je lui marquai de l'empressement de réparer ma faute et nous restâmes. Ma visite fut courte, mais le premier pas était beaucoup; je continuai , je la vis plus fréquemment, bientôt je n'en bougerai pas. La marquise était douce et complaisante : elle ne se rebutait pas de détails cent fois répétés ; elle s'attendrissait et pleurait avec moi; ma douleur devint moins amère ; le sentiment de ce que je devais à cette aimable amie me fit une douce habitude de la reconnaissance... — Ahi... gare l'amour. — Hélas ! mon enfant, tu as raison. Une liaison intime, une confiance sans borne entre une femme de vingt-deux ans , charmante, et un jeune homme y conduisent infailliblement. D'ailleurs, combien la douleur dispose à la tendresse. — Enfin te voilà à l'amour parfait. Belle chûte, mon ami , belle chûte ! — Non, je ne ferai point le langoureux Philinte. La marquise n'est point de ces femmes qui se plaisent au merveilleux; jolie sans vouloir le paraître, vraiment bonne et sensible, aussi séduisante qu'on peut l'être et toujours égale. Cette femme adorable n'est cependant pas heureuse. Son mari, comme trop de nos militaires, néglige un trésor qu'il possède pour courir après des guenons. Il ne croit pas à la vertu qu'il n'est pas digne de connaître, et cependant il est jaloux jusqu'à la brutalité; qui ne sait que c'est le moyen le plus sûr d'accomplir sa destinée; il était digne de la sienne; mais combien Euphrosie méritait peu son infortune!

Quelle différence, ô mon ami! entre les caresses ingénues d'une femme aimable et naïve, et les agaceries de nos coquines. Celles-ci peuvent énivrer nos sens; mais leur fougue dissipée, on retombe sur soi-même; le dégoût, l'ennui, empoisonnent jusqu'aux plaisirs passés ; il faut s'aiguillonner pour les goûter encore.

La marquise a tout l'éclat de la jeunesse, à joint une taille imposante ; elle paraîtrait colossale, si elle était moins bien proportionnée. Cinq pieds quatre pouces, pieds nus, le plus beau corps du monde, une gorge ravissante, le bras, la main potelée ; une physionomie qui, sans être la beauté, renferme mille grâces que n'a point une belle ; une irrégularité piquante, des cheveux gros comme le bras, et qui lui descendent jusqu'aux pieds : voilà son portrait.

Personne ne sait mieux qu'Euphrosie manier le ridicule ; sans la bonté de son cœur, elle serait caustique, mais elle craint de faire de la peine, même à ceux qui l'auraient offensée, si le res-

pect qu'elle inspire le permettait à l'audace. Chaque jour son esprit m'éton-
nait davantage. Sa modestie lui faisait
trouver étrange les marques de mon
admiration... Mais, mon ami, m'avait-
t-il dit vingt fois, tu te rendras ridicule; sans cesse tu te vantes, tu t'ex-
tasies sur des choses si simples!... Tout
le monde en dirait autant.

Mais son âme... Comment te peindre cette âme toute aimante qui n'a
d'existence que pour les sentimens no-
bles et tendres : c'est par eux qu'elle
sort de ce calme inaltérable et doux qui
la caractérise dans la société; c'est-là
qu'elle puise cette chaleur qui la rend
si touchante, si dévouée, si sublime
en amour. Euphrosie est aussi volup-
tueuse que tendre; mais elle est toujours décente; elle est chaste : et voilà
pourquoi sans doute je ne connus jamais de jouissance égale.

Ne vous attendez pas à m'en voir esquisser le tableau. Que le voile du mystère couvre à jamais nos plaisirs... Mais que de combats j'eus à soutenir contre sa vertu ! Combien de fois il me fallut lui répéter que le crime seul faisait la honte, et que l'amour, un amour tel que le sien, ne pouvait pas être criminel... L'avouerai-je ! son devoir fut long-temps plus fort que moi. Elle sentit le danger; elle eut le noble courage d'écrire à son mari; de lui demander ses soins et sa présence. Il méprisa cette femme respectable, il rejetta ses prières; une indifférence repoussante, un mépris insultant, furent le prix des efforts qu'elle faisait sur elle-même pour s'arracher à la tendresse... Je persuadai, je triomphai; Euphrosie ne rougit plus devant moi; la paix régna dans son cœur. Eh ! quel homme de fer osera la condamner ? Six mois se passèrent au milieu des délices. Isolés du reste de la nature, nous nous suffisions à nous mêmes. Nos feux sans cesse renaissans avaient toujours le charme de la nouveauté. Une confiance mutuelle et sans bornes achevait notre bonheur.

Hélas ! peut-il durer long-temps ? Vils jouets du destin, que possédons-nous de stable ! et pour quelques gouttes de bien mêlées dans l'océan, de maux faut-il chérir la vie ?... La marquise portait dans son sein un gage de notre amour. Bientôt son état ne fut plus incertain. J'étais au comble de la joie sans oser le lui témoigner : joie insensée peut-être, mais si douce que je ne pensais pas même à la combattre. Euphrosie, plus éclairée par ses pressentimens, se sentait dévorée d'inquiétudes que sa douceur et son amour déguisaient à peine. Son mari, de retour à Paris, avait aisément démêlé nos liaisons, et le lâche les avaient divulguées. Il nous prodiguait à tous deux les injures : vingt fois Euphrosie arrêta mon bras. Prêt à la venger, elle sût m'enchaîner par des sermens; mais son bonheur fut altéré à jamais. Sans cesse je la surprenais baignée de larmes, et j'y mêlais les miennes... Euphrosie, lui dis-je un jour, hélas! je cause des douleurs et je ne puis les adoucir; nos cœurs cessent-ils donc de s'entendre? Ah! pourrais-tu jamais me haïr?—Te haïr! Ah! jamais tu ne me fus si cher. Cet enfant infortuné que je nourris dans mon sein naîtra sous de cruels auspices sans doute; mais il a resserré, s'il est possible, les nœuds qui m'unissaient à toi. Vas, mon ami, je ne suis point injuste, et si je t'ai fait des sacrifices, ne crois pas que je m'en repente, je t'en ferais de bien plus pénibles... Cher amant, il m'en reste peut-être bien peu à t'offrir... Au moins que cet enfant te rappelle sa mère. — Cruelle, que veux-tu me faire entendre ?... Et voilà donc ton amour !... Ah ! si je t'étais cher, payerais tu d'un tel prix ma tendresse !... Meurs, meurs, pusillanime amante, mais tu jouiras avant d'expirer du barbare plaisir d'avoir immolé ton amant. Tu vas priver ton enfant de tes embrassemens et des miens ; il restera en butte à tous les coups du sort, inconnu sur la terre, entouré d'ennemis peut-être, il vivra pour la douleur, et c'est toi, si tendre, si compatissante, qui, en lui donnant le jour, le voue à de longues infortunes que n'adoucira jamais notre tendresse... — Euphrosie m'interrompt par ses sanglots, mais le torrent de larmes qu'elle répand dans mes bras paraît soulager son cœur... O, mon Euphrosie, lui dis-je alors ! quittes, quittes, ces funestes pensées. Rappelles ton courage, conserves-toi pour l'amour ; ne m'as-tu pas dit mille fois que tu ne vivais que pour moi ?... Elle me promit d'être plus tranquille. Je crois qu'elle le devint en effet.

Peu de jours après, des ordres de la cour me forcèrent à me rendre en Bretagne. Mon voyage devait être court ; mais Euphrosie avançait dans sa grossesse. Que d'inquiétudes j'allais lui donner, et combien j'en ressentais ! Des pressentimens affreux nous agitaient. Nos adieux furent seuls ; long-temps pressés dans les bras l'un de l'autre, il nous semblait que c'était pour la dernière fois. Euphrosie s'évanouit ;

on m'arracha d'auprès d'elle. Il fallut partir.

Déjà je me flattais d'un prompt retour ; mes affaires allaient finir ; je reçois ce billet d'un ami... — « Que fais-» tu , malheureux ? tu remplis de stériles » devoirs , et tu négliges les plus sacrés. » Accours , ne perds pas un instant , » viens servir l'amour. »... Je vole , l'âme saisie d'effroi ; j'arrive.. Horrible spectacle !... Tout est en deuil chez Euphrosie... Ciel ! ô ciel ! elle n'est plus !... Je veux la voir, je veux l'embrasser encore ; je veux mourir avec mon amante... J'avance , malgré les efforts de ceux qui me retiennent ; ils me parlent, je ne les entends pas. Ivre de désespoir , j'allais entrer... Arrête, jeune téméraire , me dit un vieillard vénérable qui sort de la chambre d'Euphrosie , respecte ces lieux habités par la douleur. — Son accent sévère, mais touchant, pénètre mon cœur; je me précipite à ses genoux, sans le connaître, je l'embrasse... O, qui que vous soyez, ayez pitié de moi, laissez-moi revoir mon amante; j'invoque cette seule grâce... Hélas ! ne puis-je obtenir une mort plus douce auprès d'elle ? — Relèves-toi, me dit-il en pleurant... Jeune insensé, tu précipite au tombeau ma douloureuse vieillesse. Que t'avais-je fait ! jusqu'ici rien n'a souillé mes cheveux blancs; tu livres mes derniers jours à la honte, au désespoir. Déjà ton funeste amour me coûte mon fils et ma fille; l'un était mon soutien, et l'autre mon bonheur. — Vous, son père... O dieux !... vieillard infortuné, prenez ma vie; je ne désavouerai pas mon amour, et puissiez-vous en vous vengeant me réunir à mon amante.—

J'ai tout perdu, je pourrais t'imputer tous mes maux, mais je n'ai pas le cœur d'un barbare, et je ne puis ni ne veux te haïr... (Mes cris, mes gémissemens sont ma seule réponse)... Eh! quoi, c'est donc à moi de te consoler. Calmez-vous, jeune homme trop malheureux; Euphrosie... — Eh bien! mon père... j'attends à vos genoux mon arrêt... — Euphrosie respire encore. — Elle respire. O dieux? laissez-moi... Courons... (Je m'arrête avec le sang-froid et l'égarement du désespoir) mais non, elle n'est plus; vous me flattez encore pour savourer plus long-temps votre vengeance... A ces mots, mes forces m'abandonnent, je tombe sur un fauteuil, une stupeur mortelle s'empare de moi, j'ai les yeux ouverts, et je ne vois rien.

Le père d'Euphrosie daigne me prendre la main... Je ne vous trompe point, mais votre sort et le mien n'en sont guères moins cruels. Croyez ce que je vous dis, et apprenez les malheurs que vous causez. Huit jours après votre départ, le marquis de *** vint voir ma fille. Son frère était chez elle; Euphrosie venait de lui confier son état et son amour. Le marquis furieux s'emporta coutre sa femme dans les termes les plus outrageans. En vain mon fils voulut l'appaiser. Le marquis menaça Euphrosie, il voulut même la frapper. Mon malheureux fils se jetta au-devant de sa sœur; son beau-frère, hors de lui, tire son épée et le force à se mettre en défense. La rage l'aveuglait; il se précipite sur le fer de son adversaire; mon fils désespéré vole à son secours; le marquis cachait son pistolet dont il tua mon enfant... A la vue de ce combat funeste, Euphrosie était tombée sans connaissance ; les douleurs d'un accouchement prématuré la rappelèrent à la vie et à toute l'horreur de sa destinée : elle a mis au monde un enfant qui n'est plus ; on a jusqu'ici désespéré de la mère : aujourd'hui elle paraît moins mal ; mais comment échapperait-elle à sa douleur ?

J'avais dévoré ce terrible récit, j'étois immobile ; mais, dieux ! que de serpens déchiraient mon cœur !... Eh bien ! m'écriai-je avec amertume : elle vit... elle vit, mais c'est pour me détester... Mais non, Euphrosie ne peut pas me haïr... O ! mon père, souffrez que je vous donne ce nom, je vous offrais ma vie, elle vous sera consacrée : que je répare, autant qu'il est en moi, vos pertes affreuses, que je devienne votre fils ! O ! combien les devoirs m'en seront doux !... Mais, mon père, laissez-moi sauver votre fille; Euphrosie vivra pour vous aimer.. Le bon vieillard s'attendrit; un rayon d'espoir pénètre son âme; il pleure sur moi, il daigne me presser contre son sein... Hélas ! nous nous abusions tous deux. Euphrosie revint à la vie, mais une mélancolie profonde l'avait empoisonnée pour jamais; elle refusa de me voir, et courut s'ensevelir dans un couvent. Je tentai tout pour vaincre ses résolutions; son père seconda mes efforts, tout fut inutile : elle prit le voile et prononça ses vœux.

Mon imagination était allumée, ma tête axaltée, mon cœur inondé de tristesse. Je pris un parti violent, et sans communiquer à qui que ce fut mon dessein, je montai à cheval, et courus chercher la Trape pour y ensevelir le reste de mes jours.

Le ciel semblait conjuré contre moi.
Un orage affreux m'oblige de m'arrêter à Verneuil : j'étais percé, je n'avais
rien pour changer; je me jette dans
une auberge pour me sécher , et ,
rendu de fatigue , je me résous bientôt
à y passer la nuit. Seul dans ma chambre, j'y broyais du plus beau noir possible : l'histoire de l'abbé de Rancé me
montait au quatrième siècle; je ne
voyais rien de si beau que ces longs
cimetières dont quelques lampes sépul-
crales perçaient à peine les sombres
horreurs; j'entendais cette cloche fu-
nèbre qui semble appeler la mort; je
la voyais s'avancer à pas lents; Com-
minge et Euphémie étaient devant mes
yeux; je prenais le travail pénible de
mon imagination délirante pour l'hé-
roïsme de la vertu; j'allais enfin m'enfoncer dans ces demeures funèbres , où

gémissent tant de malheureuses victimes des préjugés ou des passions... Je le voulais, la providence ne le voulut pas.

Absorbé dans mes sombres réflexions, je n'apercevais pas une très-jolie fille de l'auberge, arrivée depuis un quart-d'heure devant moi. J'y prends garde enfin; je sors de ma rêverie, mais pour tomber dans une autre; je lui approche un fauteuil, la croyant ma foi je ne sais qui, je l'oblige à s'asseoir; elle ne doute plus de ma folie; enfin, à force de me demander ce que je voulais pour mon souper, elle me rappelle à moi; je ris, elle éclate.

Je donne mes ordres; Madelon descend, et revient faire mon lit. La bonté divine veillait sur moi. Ces sortes de filles portent leurs cotillons forts courts : Madelon, en s'allongeant, me laissait voir une jambe faite au tour et le bout d'une cuisse très-blanche... Hélas ! me dis-je à moi-même, je vais m'enterrer, que cette pauvre fille profite du moins de mon reste : enfilons-là, c'est le dernier coup que je fouterai de ma vie... Alors, avec une gravité sans égale, je la prends par les deux pattes, je la jette sur le lit, je la trousse et je l'enfourne avant qu'elle eût le temps de voir comment ; elle fit un peu la revêche, mais où est la fille qui ne marche pas au troisième coup de cul ? Seulement, pour me marquer son dépit, elle remuait comme un diable. Par habitude, je voulais recommencer ; elle me fit convenir que cela ne se pouvait pas, qu'on attendait après elle ; mais nous arrêtâmes qu'elle viendrait coucher avec moi, et

Bientôt entraîné par mes transports
je me précipite sur elle.

je me débarrassai en sa faveur de quelques louis qui , suivant mon projet ,
allaient me devenir inutile ; car je n'en
démordais pas.

Nous passâmes la nuit ensemble ; je
m'en donnais comme pour la dernière
fois ; mais admirez l'ouvrage du bon
Dieu : plus j'allais à ce diable de trou,
plus ma tête se calmait ; mes résolutions s'affaiblissaient d'autant , et je
résolus , sous prétexte de fatigue , d'attendre encore une nuit pour me déter-
miner; je ne fus pas dans cette peine.
Ma berline de poste arriva vers l'heure
du dîner ; deux hommes qui étaient de-
dans me firent demander la permission
de partager le mien ; je l'accordai ;
mais quel fut mon étonnement ! c'était
deux de mes amis intimes qui me ga-
loppaient. — Ah ! ah ! monsieur l'en-
ragé , me dit Saint-Flour , vous faussez

donc ainsi compagnie, qui diable, tu as l'air du chevalier de la triste figure ! — Je voulus soutenir contenance, ils m'envoyèrent promener, me persiflèrent, me démontrèrent que je n'avais pas le sens commun; je le crus; je montai en voiture avec eux : nous arrivâmes à Paris.

Pendant quelques temps, je fus un peu honteux; d'ailleurs, le diable m'emporte si je savais où aller, ni quelles liaisons former. Cependant j'étais endetté; mes créanciers, honnêtes israélites, venaient m'offrir leur figure patibulaire. Je pris une résolution magnanime, je me décidai à me mettre la corde au cou, à me marier. — Ah ! tu vas faire une fin. — Oui, une fin; c'est pardieu bien périr avant le temps.

Je connaissais une vieille intrigante,

doyenne des marquises, appareilleuse de sacrement, je fus lui conter mon affaire en lui observant que j'étais pressé. — Oui, me dit-elle, la voulez-vous jolie ? — Ma foi, cela m'est égal, c'est pour en faire ma femme ; je ne m'en soucierai guères, et je ne la prends pas pour les curieux. — Il la faut riche ? — Oh ! cela le plus possible. — De l'esprit ? — Mais, oui, là, là. — Je tiens votre affaire. Connaissez-vous madame de l'Hermitage ? — Non. — Je vous présenterai ; c'est une de mes amies, sa fille a dix-huit ans ; elle est très-riche, et surtout son caractère est excellent. — (Ah ! foutre, que cette bougresse-là est laide !...) Mon aimable duègne part sur-le-champ pour porter les premières paroles, manigancer mon affaire et me vanter ; le soir elle m'écrit deux mots, et deux jours après nous nous rendons chez ma future belle-mère.

Madame de l'Hermitage tient bureau de bel esprit ; là, tous nos demi-dieux, tous nos Apollons modernes viennent chercher des dîners qu'ils payent en sornettes. Dès l'antichambre, je respirai une odeur d'antiquité qui me saisit l'odorat ; la vieille m'avait prévenu qu'il fallait beaucoup admirer. J'entre dans un sallon immense et quarré, j'y trouve la maîtresse de la maison avec l'air d'une fée, le corps d'un squelette et le maintien d'une impératrice. Elle m'assomme de longs complimens ; j'y réponds par des révérences sans nombre. Je cherche des yeux la future... Ah ! foutre, on vous en donnera... Diable ! il faut que sa chère mère en juge auparavant ; et la bienséance permet-elle qu'on expose une fille aux

regards du premier occupant? — La
duègne et la mère entamèrent les
grands mots et les vieilles histoires.
Pendant ce temps-là, je toisai le sallon. Des tapisseries d'antiques verdures
en couvraient les murailles; Cassandre
et Polixène y figuraient aussi bien que
le roi Priam; nombre de Troyens et
de perfides Grecs avec chacun un rou-
leau qui leur sortait de la bouche pour
la commodité de la conversation; du
plancher pendait une lampe immense,
à sept branches, de bronze doré, qui
avait servi aux festins de Nabuchodo-
nosor; aux quatre coins, des trépieds
de vieux lacques surmontés d'urnes à
l'antique et de pyramides tronqués,
trouvés dans les fossés de Ninive la Superbe; Des tables de marbre de Paros,
portées sur des piliers de granit, char-
gées de bustes grecs et latins, et d'un

grand médailler; la cheminée élevée à
huit bons pieds de hauteur et surmon-
tée d'un miroir de métal, environné
d'une bordure immense en filigramme :
c'était, je crois, celui de la belle Hélène;
les fauteuils paraissaient modelés sur
ceux de la reine de Saba, couverts de
tapisserie, durement rembourrés pour
éviter la mollesse, mais magnifiquement dorés. Voilà, mon cher, le mo-
bilier qui frappa mes regards. Au reste,
tout décélait à mes yeux exercés un
fond de richesse qui chatouillait mon
âme, et je projetais déjà de changer
toutes ses fadaises contre les belles in-
tentions de notre luxe moderne. Je
m'extasiai sur chaque objet, je tran-
chai du connaisseur pour applaudir;
on accueillit mes éloges, et nous nous
retirâmes la duègne et moi.

En sortant, elle me dit que ma figure, mon air sage et posé (car il ne m'était, pardieu, pas échappé un sou-rire). surtout mon excessive politesse avait prévenu en ma faveur, que pro-bablement je serais invité à dîner pour le jeudi, qui était le grand jour, et qu'alors je verrais mademoiselle Eu-terpe.... Foutre, voilà un beau nom ; j'ai diablement peur que ma charmante ne soit aussi quelque anticaille.

Je fus invité, le dîner répondit à l'ameublement et je vis mon Euterpe... Ah ! sacredieu, la jolie future ; elle est faite à coups de serpe, elle a été modelée, ou le diable m'emporte sur quelque singe, aussi madame sa chère mère, dit-elle, que c'est le vivant portrait de Monsieur de l'Hermitage. Ramassée dans sa courte épaisseur, un teint d'un jaune vert, de petits yeux enfoncés, battus jusqu'au milieu de deux joues bouffies; des cheveux à moitié du front, une bouche énorme et meublée de clous de gérofle, un cou noir : et puis... serviteur; une gaze envieuse voilait un je ne sais quoi, qui montait au diable. Eh ! pardieu, que ne couvrait-elle aussi les deux plus laides pattes que jamais servante ait lavées. Au reste, mademoiselle Euterpe fait la petite bouche, grimace avec complaisance et n'en est que plus laide... Ce fut bien pis quand elle eut parlé. Ah ! Cathos n'est rien en comparaison... Jour de dieu ! épouser cela, me dis-je à moi-même, c'est bien dur !— Et fi donc ! tu ne l'épouseras pas peut-être ? — Eh ! mon ami, quarante mille livres de rente d'entrée, autant de retour, cela n'est pas à négliger, elle a les beaux yeux de la cassette, et moi je n'ai qu'un beau v.. dont elle ne tâtera guère. Mes créanciers me talonnent, il faut s'immoler...

Après le dîner, mademoiselle Euterpe fut se camper auprès de sa chère mère; moi j'allai roucouler d'amoureux hoquets qui furent reçus avec humanité et condescendance : somme tout, au bout de quinze jours on nous maria, en m'avantageant de vingt mille livres de rente par contrat. Me voilà donc Euterpe. La mère donna à sa bien-aimée sa bénédiction et le baiser de paix; ma chaste épouse fut se mettre entre deux draps, les talons dans le cul, comme cela se pratique par modestie. Une partie de la noce était dans les chambres voisines; les jeunes gens surtout, pour qui c'est une aubaine, me firent compliment sur mon bonheur futur, me souhaitè-

rent bonne chance et se mirent en em-
buscade. Je me campai à côté de ma
charmante qui versait de grosses larmes. « Madame, lui dis-je, le mariage
» où nous nous sommes engagés est un
» état *pénible*, une voie *étroite*, mais
» qui mène au bonheur : il n'est point
» de roses sans épines, et c'est moi,
» votre époux, qui doit les arracher.
» Le créateur nous a réunis pour que
» nos deux moitiés ne fissent qu'un
» tout. Afin de mieux consolider son
» ouvrage, il a fait présent à l'homme,
» chef de son épouse, d'une cheville...
» Tâtez plutôt (je lui porte la main là,
» et le masque retire la patte comme
» si elle avait bien peur). Or, cet ins-
» trument doit trouver son trou : ce
» trou est en vous : permettez que je
» le cherche et que je le bouche »...
Alors d'un bras vigoureux je prends

ma chrétienne, elle serre les cuisses; j'y mets un genou comme un coin, elle me fout des coups de poings par manière de résistance; enfin elle fait semblant de se trouver mal; elle allonge les jambes, lève le cul; je frappe à la porte... Ah! foutre, ah! sacredieu, mort de ma vie!—Quoi donc? —Comment, bourreau! deux pieds de cornes.—Je suis étranglé... Elle est ouverte à deux battans encore : ah! chienne, ah! carogne, et tu défendais la brèche, foutue garce!... Je la cogne; elle m'égratigne, elle hurle, je jure en frappant toujours; la mère arrive, écumant de rage, je saute à bas du lit et je me sauve. Mes amis, rangés en haies, me demandent avec une maligne inquiétude, si je me trouve mal, si je veux un verre d'eau... Je veux le diable qui m'emporte loin

d'ici... — Un instant après ma belle-
mère rentre, et d'un ton de séna-
teur... Mon gendre, je sais ce que
c'est.—Comment, ventredieu, je le
sais bien aussi moi, et que trop. —
Non, ce n'est rien, le premier jour
de mes noces il m'en arriva tout autant. — Ah! la foutue famille ! —
Rassurez-vous, c'est un enfant qui ne
sait pas ce que c'est, elle s'y fera, allez vous remettre auprès d'elle, et pre-
nez-là par la douceur.—(La rage qui
m'étouffait m'avait empêché de l'in-
terrompre; mais à cette douce invita-
tion je m'écrie)... Moi y retourner !
que le jean-foutre qui l'a commencée
la rachève.... Ah ! foutre, c'est une
antique ou un cheval, tant elle est
large. — (Madame de l'Hermitage
fronce le sourcil). Mon gendre , je
comprends, c'est que vous ne pouvez

Cours donc, cours donc coquine!... Enfin il tombe pâmé dans un fauteuil.

pas. — Comment, foutre, madame, je ne peuu pas ! Eh ! sacredieu, la besogne n'est pas dure, on y passerait en carosse... La vieille fée se fâcha, je manquai la foutre par la fenêtre, et je sortis pour jamais de ce maudit lieu.

O rage ! ô désespoir ! moi le teraeur des maris ! moi la perle des fouteurs ! me voilà coiffé d'un panache à la mode... Coa, coa, en herbe... Coa, ventre et dos, et par une guenon, une Marie torne !.. Où fuir ? où me cacher ?... Les épigrammes vont m'assassiner.

Ce n'est pas tout. Le lendemain un homme en noir demande à me parler. Au milieu de beaucoup de révérences, il me signifie un petit papier... Monsieur, vous vous trompez — Non, monsieur, me dit le Normand. — Mais de qui cela vient-il ? — De haute et puissante demoiselle Euterpe de d'Hermitage, votre légitime épouse. Comment, ce coquin! foutre, si tu ne sors... Il était déjà parti et court encore... Eh bien! la bougresse me faisait sommation de la traiter maritalement, sans quoi l'on m'annonçait bénignement que l'on demanderait séparation. Je cours chez mon procureur; je consulte; nous plaidons pendant trois mois; on me tympanise; enfin je fus contraint d'abandonner dix mille livres de rente de mes vingt constituées, et l'on me déclare père d'un individu (Quelque sapajou sans doute) dont ma bougresse était grosse, encore n'était-ce pas le premier.

Furieux, désespéré, je pars pour le pays étranger, et j'abandonne à jamais cette terre maudite où je pourrais raconter tant d'objets.

Sort! foutu sort plein de rigueur !
Qui moi ? j'éprouverais tes caprices,
tes bisarreries ! Voilà donc le fruit de
mes belles résolutions ! Tous mes pro-
jets aboutiraient à la parure de Moyse!
Fuyez, foutez le camp, rêves atrabi-
laires ! songes creux de mon imagination bilieuse... Non, non, mesdames,
vous ne tiendrez point mon chef dans
vos cuisses maudites ; jamais un c..
marital ne m'enverra des vapeurs cor-
nitaires. Au foutre la *conversation;*
mais dans mon humeur de vengeance,
je foutrai la nature entière, j'immolerai
à mon Priape jusqu'à des pucelages,
(si tant est qu'il en existe) : par moi,
légions de cocus peupleront le palais,
les champs et les cités : j'usurperai
jusqu'aux droits de notre bonne mère
Sainte Eglise. Point de fouteuse de
prélats ! point de monture de curé que

je n'enfile sur tous les sens (pour leur conserver l'habitude) iusqu'à ce que rendant, dans les bras paternels de monsieur Satan, mon âme célibataire, i'aille foutre les morts.

FIN DE TOME SECOND ET DERNIER.

9 782329 788609